· 语 文 阅 读 推 荐

怎样读书

胡适 等/著　樊霞/编选

人民文学出版社

图书在版编目(CIP)数据

怎样读书/胡适等著;樊霞编选.—2版.—北京:人民文学出版社,2018(2021.3重印)
(语文阅读推荐丛书)
ISBN 978-7-02-013793-0

Ⅰ.①怎… Ⅱ.①胡… ②樊… Ⅲ.①读书方法—青少年读物 Ⅳ.①G792-49

中国版本图书馆 CIP 数据核字(2020)第 140501 号

责任编辑　李明生
装帧设计　李思安　崔欣晔
责任印制　王重艺

出版发行　人民文学出版社
社　　址　北京市朝内大街 166 号
邮政编码　100705
网　　址　http://www.rw-cn.com

印　　刷　三河市宏盛印务有限公司
经　　销　全国新华书店等

字　　数　98 千字
开　　本　650 毫米×920 毫米　1/16
印　　张　9.25　插页 1
印　　数　45001—48000
版　　次　2018 年 4 月北京第 1 版
　　　　　2019 年 7 月北京第 2 版
印　　次　2021 年 3 月第 8 次印刷

书　　号　978-7-02-013793-0
定　　价　19.00 元

如有印装质量问题,请与本社图书销售中心调换。电话:010-65233595

出 版 说 明

　　从2017年9月开始,在国家统一部署下,全国中小学陆续启用了教育部统编语文教科书。统编语文教科书加强了中国优秀传统文化教育、革命传统教育以及社会主义先进文化教育的内容,更加注重立德树人,鼓励学生通过大量阅读提升语文素养、涵养人文精神。人民文学出版社是新中国成立最早的大型文学专业出版机构,长期坚持以传播优秀文化为己任,立足经典,注重创新,在中外文学出版方面积累了丰厚的资源。为配合国家部署,充分发挥自身优势,为广大学生课外阅读提供服务,我社在总结以往经验的基础上,邀请专家名师,经过认真讨论、深入调研,推出了这套"语文阅读推荐丛书"。丛书收入图书百余种,绝大部分都是中小学语文课程标准和统编语文教科书推荐阅读书目,并根据阅读需要有所拓展,基本涵盖了古今中外主要的文学经典,完全能满足学生成长过程中的阅读需要,对增强孩子的语文能力,提升写作水平,都有帮助。本丛书依据的都是我社多年积累的优秀版本,品种齐全,编校精良。每书的卷首配导读文字,介绍作者生平、写作背景、作品成就与特点;卷末附知识链接,提示知识要点。

　　在丛书编辑出版过程中,统编语文教科书总主编温儒敏教授,给予了"去课程化"和帮助学生建立"阅读契约"的指导性意见,即尊重孩子的个性化阅读感受,引导他们把阅读变成一种兴趣。所以本丛书严格保证作品内容的完整性和结构的连续性,既不随意删改作品内容,也不破坏作品结构,随文安插干扰阅读的多余元素。相信这套丛书会成为广大中小学生的良师益友和家庭必备藏书。

人民文学出版社编辑部
2018年3月

目　次

导读 …………………………………………………… 1

随便翻翻 …………………………………… 鲁　迅　1
读书 ………………………………………… 胡　适　5
我的读书经验 ……………………………… 蔡元培　14
为什么读书 ………………………………… 胡　适　16
闭户读书论 ………………………………… 周作人　23
入厕读书 …………………………………… 周作人　26
书痴 ………………………………………… 叶灵凤　31
重读之书 …………………………………… 叶灵凤　33
我之于书 …………………………………… 夏丏尊　35
怎样读书 …………………………………… 樊仲云　37
对于读书问题的我见 ……………………… 江问渔　40
读书方法 …………………………………… 潘仰尧　47
读书与兴趣 ………………………………… 杨卫玉　52
读书实验 …………………………………… 李公朴　55
论书生的酸气 ……………………………… 朱自清　59
买书 ………………………………………… 朱自清　68
作文与读书 ………………………………… 章衣萍　71

1

我的苦学经验 ……………………………	丰子恺	78
怎样提高读书的速率和效率 ……………	童行白	91
读书生活的三多法 ………………………	欧元怀	96
我的读书经验 ……………………………	傅东华	99
我的读书经验 ……………………………	曹聚仁	102
读书并非为黄金		
——我的不读书的经验 ………………	孙福熙	106
我的读书经验谈 …………………………	张素民	109
个人读书的经验 …………………………	程瑞霖	118
访笺杂记 …………………………………	郑振铎	122
售书记 ……………………………………	郑振铎	130

知识链接 ……………………………………… 134

导　读

　　读书并非人类与生俱来的天性与义务。在书面语言出现之前,世界上根本就没有读书这回事。对那时候我们的祖先来说,人生一世唯寻找食物与躲避天敌二事,岂有他哉?"书籍"乃各民族书面语言——"文字"诞生后的产物,书籍乃文字之子,有了文字才有书籍。

　　各民族语言的发明乃人类文明史上的重大事件,它本身就是人类最为重要的文明成果之一。人类发明语言是为了划分世界、澄清内心和彼此交流。自从有了语言,这个世界开始变得可以指认,每个人的内心开始敞亮,彼此之间也可以理解与合作。

　　作为书面语言的文字,是口头语言的高级发展形式,它最大的优势是对随说随散的即时性口头语言表达内容进行记录、保存,先民的各项文明成果因此便可借助文字,在更大的人群中传播,世世代代地传承。人类也许并非这个世界上唯一具有学习和创造能力的动物,但是通过书面语言,通过用文字写就的书籍,人类各民族所获得的生活经验就可以长期地记忆、积累,在社会成员中共同分享,这也许就是人类在与其他动物的进化竞争中能最终胜出的重要原因之一。书籍是什么？它是人类各民族生活经验、文化成果的书面记录形式，是人类文明进步的重要阶梯。人类自从进入有书面语记录的文明时代，通过阅读书籍而从前人与他人那里继承和学习已有的生活经验，就成为每个人自我成长，获得必要生存、交际能力的基本途径。在现代音视频技术出现之前，用文字写就的书籍是人类文化成果积累、传承与分享的最有效途径。

天下之书虽然"汗牛充栋"，概而言之只有两种：一种书籍描述这个世界，告诉我们这个世界的样子，让我们能正确、清楚、细致、深刻地了解自己所生存的这个世界，各种自然科学类图书即如此。一种书籍讲述人类自己，告诉我们世界各民族的故事，他们的语言、历史、地理、宗教、文学艺术与哲学，等等。总之，讲述人类自己的生活方式、命运，以及内心世界，人类对这个世界的理解与感受，各类哲学、文学、艺术与历史、地理类图书即如此。简要地说，书籍乃人类各民族认识世界与认识自我的成果，读书便是人类社会成员之间相互了解、分享文明成果的活动。

生活在文明世界的人们为什么要读书？因为世界很大，人生有限。先贤云："读万卷书，行万里路。""行万里路"是指直接走进世界，体验人生。但大多数人因自身种种现实条件的限制，难以在有限的时间、空间内把整个世界摸一遍。怎么办？只能退而求其次——"读万卷书"，即通过读书、通过书籍这个世界之窗，通过借鉴众多作者们的见识与才情弥补自己的遗憾。人生虽有限，幸亏天下还有这么多书。对读者而言，每一本书都为我们打开了一扇了解这个世界奥秘的独特窗户，每一本书都讲述了人类文明的精彩传奇，每一本书都凝聚着作者本人的智慧与才情,每一本书都会丰富、提升我们对这个世界和自我的认识,每一本书都自有其情感与温度,只要你愿意去用心触摸。我们为什么需要读书?因为读书可以有效地拓展自我、丰富自我,进而超越自我。

从更具体的目的讲,天下人之读书类型大概有三种。

第一种是功利性阅读,即为了某种考试、某个学位或某种专业技能而读书,校园内之课程学习、校园外之各式职业技能培训乃其典型。中国古人在此方面曾有知名教言:"书中自有千钟粟,书中自有颜如玉,书中自有黄金屋。""天子重英豪,文章教尔曹。万般皆下品,唯有读书高。"当代流行语则为"读书改变命运"。为逐利而读书已成为广大学子的本能,实无须启蒙。需要提醒的是:就当代中国的实情而言,大多数中小学生不仅已从中受益,同时亦身受其害。应试式阅读不仅占去了太多时间,因而同学们无法进行其他性质的阅读;更严重的是,它已然在无意识层面将读书目标单一化,使同学们除了此种阅读外,不知还有其他目标可以追求。一时代、一民族之阅读完全功利化,将极大地限制其人生见识与精神高度。

第二种是休闲性阅读。休闲阅读已超越了功利目标,如果说它也有目标,那就是打发时间、放松心情。由于没有了严格的功利目的,这种阅读可以很自由、随性,阅读经验大多有趣、愉快。这种阅读自然也可以有额外的惊喜,比如开阔眼界、丰富人生。但总体而言,由于休闲式阅读大多是碎片化的,无计划,且追求轻松、回避艰深,所以其收获也很有限。休闲式阅读现在有个时尚的名称,叫"文化快餐",比如手机阅读或网上冲浪。所谓"快餐",不仅言其量小,更言其速战速决。如果我们还将阅读理解为人类的一种精神生活,那么以时间效率取胜的休闲式阅读恐怕很难产生精致的心理收获。

《周易·系辞》有个说法,叫"百姓日用而不知"。这是说社会上大多数人满足于日常生活本身,不去深究日常生活背后的宇宙人生真相。古希腊的亚里士多德则提出:"求知是人类的本性。"这是说人类应当超越日常生活的实用需求,单纯为求知而探求这个世界的秘密,他因此而认为只有那些完全脱离了任何实用价值的知识,才是人类最高级的知识。

第三种是探究性阅读。与休闲性阅读一样,探究性阅读也是职业性求知活动之外的非功利性阅读,它已然超越了社会大众普遍地为提高技能、改善生活而读书的物质功利目标,提出了超越性目标——为了从精神上丰富自我、拓展自我与超越自我而读书,通过读书增加知识、丰富情趣、培育德性、提升境界。

是的,每个人都只能来这个世界走一遭,每个人的人生长度与宽度都很有限;但是真正实现了精神自觉的人,可以通过阅读增加自己人生的宽度与长度,极大地改变自己的人生景观。从宽度上说,每一本书都可能增长了你的见识,丰富了你的人生经验与情感。通过阅读,作者们的阅历变成了你自己的人生经验,你因读书而广阔,因读书而丰富,因读书而化身为"千手观音"。虽然你一生生活的地域有限,走过的地方有限,所从事的职业也有限,可仍然"腹有诗书气自华",成为一个人生内涵丰富的"大我"。从长度上说,通过阅读古书,你回溯历史,知道了古人的幸运与不幸,增加了理解历史的能力。自然,你正活在当下,但是通过阅读那些有思想穿透力的书,你的思想与情感似乎也可以探测到未来,感知到人类未来文明的基本走向。这样,你也就无须为"人生不满百"而萦怀,因为你的智慧与情感已然具备了贯通过去、当下与未来的能力,实现了精神上的超越,你的文化生命便因读书而更为久长。

读书之法大概有两种,一为精读,一为泛读。休闲式阅读可泛读,一目十行,知其大略可矣,贵在用时少而所读者多。可以有兴即读,无兴则止;亦可浅易者读之,艰深者弃之。因为这种阅读本身就是一种休息,读者不欲劳后再劳,使自己目疲心倦。当然,偶遇自己感兴趣的文字,休闲阅读也不妨在文字中精耕细作,寻寻觅觅,左右采之。

探究性阅读宜精读。这就像是遇到一桌精致、考究,色、香、味俱佳的美食。对此精品,食客们实不忍囫囵吞枣,否则便有暴殄天物之嫌。所以,最好的方法便是调动起你所有的感觉神经,细嚼慢咽、悉心品味,唯如此方对得起各种食材之品质、大厨之良苦用心。

精读的最佳对象是古今中外历史上已有定评的各种文化经典。经典乃书籍中之书籍,是在阅读史上广受读者群体大范围、持久检验的上乘文化产品。经典是作者们呕心沥血后智慧与情感之高度凝结,标志着人类在认识世界与认识自我精神历程上所能达到的高度与深度,因此是文明时代个人心智培育的最佳食粮。

精读不只是一种读书方法,它首先是一种专心致志的人生态度,这是一种愿意为了做成一件事而放弃整个世界的自我修炼。如果你能在读书中练就这种凝神守一的功夫,在其他领域也会成就精品。

精读又是一场严酷的战斗,它有似一只动物在途中突遇天敌，向死而生。一部高成色的人类文化经典，应当能激发出所有的生命潜能——智力、体力、意志、情感与想象力，作者的知识面、思想高度与情感层次对你提出全方位的挑战，你必须严肃面对、聚精会神、上下求索，而后才会有所斩获，因此它是一种极具诱惑力的高端心智游戏。

精读并非休闲，并非娱乐，它是你日常课业或谋生劳作之余的又一场艰辛劳动。为了有所收获，你必须有一种不撞南墙不回头的执拗、鸡蛋里面挑骨头的细腻，这是一种精益求精、读必求解的探求精神，容不得一丝的马虎与犹疑，此之谓"精"。精者，精密也。精深细密是经典对作者与读者提出的相同要求：作者不精无以出精品，读者不精无以有收获。

阅读首先是一种求教，人们因有惑而读书，故当有谦虚心，此乃读书之第一个层次。更进一层的阅读当是读者与作者促膝谈心，读者在阅读过程中产生了一些想法，想与作者展开进一步的讨论。在此情形下，读者并不仰视作者，而是把他当成一位知音，故而有平等心。此乃读书之第二个层次。有时候阅读可能会转变为一场华山论剑，读者在阅读过程中发现了作者在知识上的疏漏，或是思想观点与方法上的偏颇，提出了不同的商榷性意见，故而有反思或批评意识，这已然是一种研究性阅读，是读书之第三个层次。人类的知识与思想创新正有赖于此，故而孟子才有"尽信书则不如无书"的说法。

本书所汇集的，是20世纪前期中国现代史上文化界名流们的读书心得，为何读书与怎样读书乃其主题。其中不少作者本身就是当时的著名作家和学者，他们集作者与读者身份于一身，故而其读书经验尤为精粹。作者们真诚、坦然地谈论自己本真的读书故事与体会,据自身文化趣味表达个性卓然的阅读价值观和阅读门径,而又原汁原味地保留当时的遣词和文风乃本集文字之最大特色。这是一个文人个性与才情得以充分舒展的时代,某种意义上极似中古时期之魏晋风流。读者们会发现:这里的每篇文章都极其本色。虽然都是些书痴,可作者们每个人的读书体会与法门又各有不同,其中不乏过激之辞。对于这些个性纷呈的读书见解,今天的读者们无须无条件认同,自可根据本人的具体情形而去取。同时,我们大概又都会为作者们文字的真诚而感动,并因其真诚而对他们心生敬意。所有文字都是其时代的形象,不管作者们是否意识到这一点。比如,本集作者们所热衷的中学与西学关系话题——到底该多读点儿古书还是洋书?这样的问题对今天的读者而言似乎已然无须讨论。须注意的是,除了展示个性化读书见解之外,本集文字中又有一些作者们无意识中交互覆盖的共享性意见,它们充分体现了人类知识传授的共同规律,比如博与精的关系,比如读书需要眼到、口到、手到与心到,等等。这些当是关于读书问学的不刊之论,或从书中求知之"金规则",深望读者们能悉心体会,并因此而受益终身。

薛富兴

随便翻翻

鲁 迅

我想讲一点我的当作消闲的读书——随便翻翻。但如果弄得不好,会受害也说不定的。

我最初去读书的地方是私塾,第一本读的是《鉴略》,桌上除了这一本书和习字的描红格,对字(这是做诗的准备)的课本之外,不许有别的书。但后来竟也慢慢的认识字了,一认识字,对于书就发生了兴趣,家里原有两三箱破烂书,于是翻来翻去,大目的是找图画看,后来也看看文字。这样就成了习惯,书在手头,不管它是什么,总要拿来翻一下,或者看一遍序目,或者读几叶内容,到得现在,还是如此,不用心,不费力,往往在作文或看非看不可的书籍之后,觉得疲劳的时候,也拿这玩意来作消遣了,而且它也的确能够恢复疲劳。

倘要骗人,这方法很可以冒充博雅。现在有一些老实人,和我闲谈之后,常说我书是看得很多的,略谈一下,我也的确好像书看得很多,殊不知就为了常常随手翻翻的缘故,却并没有本本细看。还有一种很容易到手的秘本,是《四库书目提要》,倘还怕繁,那么,《简明目录》也可以,这可要细看,它能做成你好像

1

看过许多书。不过我也曾用过正经工夫,如什么"国学"之类,请过先生指教,留心过学者所开的参考书目。结果都不满意。有些书目开得太多,要十来年才能看完,我还疑心他自己就没有看;只开几部的较好,可是这须看这位开书目的先生了,如果他是一位胡涂虫,那么,开出来的几部一定也是极顶胡涂书,不看还好,一看就胡涂。

我并不是说,天下没有指导后学看书的先生,有是有的,不过很难得。

这里只说我消闲的看书——有些正经人是反对的,以为这么一来,就"杂"!"杂",现在又算是很坏的形容词。但我以为也有好处。譬如我们看一家的陈年账簿,每天写着"豆付三文,青菜十文,鱼五十文,酱油一文",就知先前这几个钱就可买一天的小菜,吃够一家;看一本旧历本,写着"不宜出行,不宜沐浴,不宜上梁",就知道先前是有这么多的禁忌。看见了宋人笔记里的"食菜事魔",明人笔记里的"十彪五虎",就知道"哦呵,原来'古已有之'。"但看完一部书,都是些那时的名人轶事,某将军每餐要吃三十八碗饭,某先生体重一百七十五斤半;或是奇闻怪事,某村雷劈蜈蚣精,某妇产生人面蛇,毫无益处的也有。这时可得自己有主意了,知道这是帮闲文士所做的书。凡帮闲,他能令人消闲消得最坏,他用的是最坏的方法。倘不小心,被他诱过去,那就坠入陷阱,后来满脑子是某将军的饭量,某先生的体重,蜈蚣精和人面蛇了。

讲扶乩的书,讲婊子的书,倘有机会遇见,不要皱起眉头,显示憎厌之状,也可以翻一翻;明知道和自己意见相反的书,已经过时的书,也用一样的办法。例如杨光先的《不得已》是清初的著作,但看起来,他的思想是活着的,现在意见和他相近的人们正多得很。这也有一点危险,也就是怕被它诱过去。治法是多翻,翻来翻去,一多翻,就有比较,比较是医治受骗的好方子。乡下人常常误认一种硫化铜为金矿,空口是和他说不明白的,或者他还会赶紧藏起来,疑心你要白骗他的宝贝。但如果遇到一点真的金矿,只要用手掂一掂轻重,他就死心塌地:明白了。

"随便翻翻"是用各种别的矿石来比的方法,很费事,没有用真的金矿来比的明白,简单。我看现在青年的常在问人该读什么书,就是要看一看真金,免得受硫化铜的欺骗。而且一识得真金,一面也就真的识得了硫化铜,一举两得了。

但这样的好东西,在中国现有的书里,却不容易得到。我回忆自己得到的一点知识,真是苦得可怜。幼小时候,我知道中国在"盘古氏开辟天地"之后,有三皇五帝,……宋朝,元朝,明朝,"我大清"。到二十岁,又听说"我们"的成吉思汗征服欧洲,是"我们"最阔气的时代。到二十五岁,才知道所谓这"我们"最阔气的时代,其实是蒙古人征服了中国,我们做了奴才。直到今年八月里,因为要查一点故事,翻了三部蒙古史,这才明白蒙古人的征服"斡罗思",侵入匈奥,还在征服全中国之前,那时的成吉思还不是我们的汗,倒是俄人被奴的资格比我们老,应该他们说"我们的成吉思汗征服中国,是我们最阔气的时代"的。

我久不看现行的历史教科书了,不知道里面怎么说;但在报章杂志上,却有时还看见以成吉思汗自豪的文章。事情早已过去了,原没有什么大关系,但也许正有着大关系,而且无论如何,总是说些真实的好。所以我想,无论是学文学的,学科学的,他应该先看一部关于历史的简明而可靠的书。但如果他专讲天王星,或海王星,虾蟆的神经细胞,或只咏梅花,叫妹妹,不发关于社会的议论,那么,自然,不看也可以的。

我自己,是因为懂一点日本文,在用日译本《世界史教程》和新出的《中国社会史》应应急的,都比我历来所见的历史书类说得明确。前一种中国曾有译本,但只有一本,后五本不译了,译得怎样,因为没有见过,不知道。后一种中国倒先有译本,叫作《中国社会发展史》,不过据日译者说,是多错误,有删节,靠不住的。

我还在希望中国有这两部书。又希望不要一哄而来,一哄而散,要译,就译他完;也不要删节,要删节,就得声明,但最好还是译得小心,完全,替作者和读者想一想。

(一九三四年)十一月二日

读 书

胡 适

"读书"这个题,似乎很平常,也很容易。然而我却觉得这个题目很不好讲。据我所知,"读书"可以有三种说法:

(一)要读何书 关于这个问题,《京报副刊》上已经登了许多时候的"青年必读书";但是这个问题,殊不易解决,因为各人的见解不同,个性不同。各人所选只能代表各人的嗜好,没有多大的标准作用。所以我不讲这一类的问题。

(二)读书的功用 从前有人作《读书乐》,说什么"书中自有千钟粟,书中自有黄金屋,书中自有颜如玉",现在我们不说这些话了。要说,读书是求智识,智识就是权力。这些话都是大家会说的,所以我也不必讲。

(三)读书的方法 我今天是要想根据个人所经验,同诸位谈谈读书的方法。我的第一句话是很平常的,就是说,读书有两个要素:第一要精,第二要博。

现在先说什么叫"精"。

我们小的时候读书,差不多每个小孩都有一条书签,上面写十个字,这十个字最普遍的就是"读书三到:眼到,口到,心到"。现在这种书签虽不用,三到的读书法却依然存在。不过我以为读书三到是不够的;须有四到,是:"眼到,口到,心到,手到"。我就拿它来说一说。

眼到是要个个字认得,不可随便放过。这句话起初看去似乎很容易,其实很不容易。读中国书时,每个字的一笔一画都不放过。近人费许多功夫在校勘学上,都因古人忽略一笔一画而已。读外国书要把 A,B,C,D,……等字母弄得清清楚楚。所以说这是很难的。如有人翻译英文,把 port 看作 pork,把 oats 看作 oaks,于是葡萄酒一变而为猪肉,小草变成了大树。说起来这种例子很多,这都是眼睛不精细的结果。书是文字做成的,不肯仔细认字,就不必读书。眼到对于读书的关系很大,一时眼不到,贻害很大,并且眼到能养成好习惯,养成不苟且的人格。

口到是一句一句要念出来。前人说口到是要念到烂熟背得出来。我们现在虽不提倡背书,但有几类的书,仍旧有熟读的必要;如心爱的诗歌,如精采的文章,熟读多些,于自己的作品上也有良好的影响。读此外的书,虽不须念熟,也要一句一句念出来,中国书如此,外国书更要如此。念书的功用能使我们格外明了每一句的构造,句中各部分的关系。往往一遍念不通,要念两遍以上,方才能明白的。读好的小说尚且要如此,何况读关于思想学问的书呢?

心到是每章每句每字意义如何?何以如是?这样用心考究。但是用心不是叫人枯坐冥想,是要靠外面的设备及思想的方法的帮助。要做到这一点,须要有几个条件:

(一)字典,辞典,参考书等等工具要完备。这几样工具虽不能办到,也当到图书馆去看。我个人的意见是奉劝大家,当衣服,卖田地,至少要置备一点好的工具。比如买一本韦氏大字典,胜于请几个先生。这种先生终身跟着你,终身享受不尽。

(二)要做文法上的分析。用文法的知识,作文法上的分析,要懂得文法构造,方才懂得它的意义。

(三)有时要比较参考,有时要融会贯通,方能了解。不可但看字面。一个字往往有许多意义,读者容易上当。例如 turn 这字:

作外动字解有十五解,

作内动字解有十三解,

作名词解有二十六解,

共五十四解,而成语不算。

又如 strike:

作外动字解有三十一解,

作内动字解有十六解,

作名词解有十八解,

共六十五解。

又如 go 字最容易了,然而这个字:

作内动字解有二十二解,

作外动字解有三解,

作名词解有九解,

共三十四解。

以上是英文字须要加以考究的例。英文字典是完备的;但是某一字在某一句究竟用第几个意义呢?这就非比较上下文,或贯串全篇,不能懂了。

中文较英文更难,现在举几个例:

祭文中第一句"维某年月日"之"维"字,究作何解？字典上说它是虚字。《诗经》里"维"字有二百多,必需细细比较研究,然后知道这个字有种种意义。

又《诗经》之"于"字,"之子于归""凤凰于飞"等句,"于"字究作何解？非仔细考究是不懂的。又"言"字人人知道,但在《诗经》中就发生问题,必须比较,然后知"言"字为联接字。诸如此例甚多。中国古书很难读,古字典又不适用,非是用比较归纳的研究方法,我们如何懂得呢？

总之,读书要会疑,忽略过去,不会有问题,便没有进益。

宋儒张载说:"读书先要会疑。于不疑处有疑,方是进矣。"他又说:"在可疑而不疑者,不曾学。学则须疑。"又说:"学贵心悟,守旧无功。"

宋儒程颐说:"学原于思。"

这样看起来,读书要求心到;不要怕疑难,只怕没有疑难。工具要完备,思想要精密,就不怕疑难了。

现在要说手到。手到就是要劳动劳动你的贵手。读书单靠眼到,口到,心到,还不够的;必须还得自己动动手,才有所得。例如:

（1）标点分段,是要动手的。

（2）翻查字典及参考书,是要动手的。

（3）做读书札记,是要动手的。札记又可分四类:

　（a）抄录备忘。

　（b）作提要,节要。

　（c）自己记录心得。张载说:"心中苟有所开,即便札

8

记。不则还塞以之矣。"

（d）参考诸书,融会贯通,作有系统的著作。

手到的功用。我常说:发表是吸收智识和思想的绝妙方法。吸收进来的智识思想,无论是看书来的,或是听讲来的,都只是模糊零碎,都算不得我们自己的东西。自己必须做一番手脚,或做提要,或做说明,或做讨论自己重新组织过,申叙过,用自己的语言记述过,——那种智识思想方才可算是你自己的了。

我可以举一个例。你也会说"进化",他也会谈"进化",但你对于"进化"这个观念的见解未必是很正确的,未必是很清楚的;也许只是一种"道听途说",也许只是一种时髦的口号。这种知识算不得知识,更算不得是"你的"知识。假使你听了我句话,不服气,今晚回去就去遍翻各种书籍,仔细研究进化论的科学上的根据;假使你翻了几天书之后,发愤动手,把你研究所得写成一篇读书札记;假使你真动手写了这么一篇《我为什么相信进化论?》的札记列举了

（一）生物学上的证据,

（二）比较解剖学上的证据,

（三）比较胚胎学上的证据,

（四）地质学和古生物学上的证据,

（五）考古学上的证据,

（六）社会学和人类学上的证据,

到这个时候,你所有关于"进化论"的知识,经过了一番组织安排,经过了自己的去取叙述,这时候这些知识方才可算是你自己的了。所以我说,发表是吸收的利器;又可以说,手到是心到的法门。

至于动手标点，动手翻字典，动手查书，都是极要紧的读书秘诀，诸位千万不要轻轻放过。内中自己动手翻书一项尤为要紧。我记得前几年我曾劝顾颉刚先生标点姚际恒的《古今伪书考》。当初我知道他的生活困难，希望他标点一部书付印，卖几个钱。那部书是很薄的一本，我以为他一两个星期就可以标点完了。那知顾先生一去半年，还不曾交卷。原来他于每条引的书，都去翻查原书，仔细校对，注明出处，注明原书卷第，注明删节之处。他动手半年之后，来对我说，《古今伪书考》不必付印了，他现在要编辑一部疑古的丛书，叫作"辨伪丛刊"。我很赞成他这个计划，让他去动手。他动手了一两年之后，更进步了，又超过那"辨伪丛刊"的计划了，他要自己创作了。他前年以来，对于中国古史，做了许多辨伪的文字；他眼前的成绩早已超过崔述了，更不要说姚际恒了。顾先生将来在中国史学界的贡献一定不可限量，但我们要知道他成功的最大原因是他的手到的功夫勤而且精。我们可以说，没有动手不勤快而能读书的，没有手不到而能成学者的。

第二要讲什么叫"博"。

什么书都要读，就是博。古人说："开卷有益"，我也主张这个意思，所以说读书第一要精，第二要博。我们主张"博"有两个意思：

第一，为预备参考资料计，不可不博。

第二，为做一个有用的人计，不可不博。

第一，为预备参考资料计。

在座的人，大多数是戴眼镜的。诸位为什么要戴眼镜？岂不是因为戴了眼镜,从前看不见的,现在看得见了;从前很小的,现在看得很大了;从前看不分明的,现在看得清楚分明了?王荆公说得最好:

> 世之不见全经久矣。读经而已,则不足以知经。故某自百家诸子之书,至于《难经》、《素问》、《本草》、诸小说,无所不读;农夫女工,无所不问;然后于经为能知其大体而无疑。盖后世学者与先王之时异矣;不如是,不足以尽圣人故也。……致其知而后读,以有所去取,故异学不能乱也。惟其不能乱,故能有所去取者,所以明吾道而已。(《答曾子固》)

他说:"致其知而后读。"又说:"读经而已,则不足以知经。"即如《墨子》一书在一百年前,清朝的学者懂得此书还不多。到了近来,有人知道光学,几何学,力学,工程学……等,一看《墨子》,才知道其中有许多部分是必须用这些科学的知识方才能懂的。后来有人知道了论理学,心理学……等,懂得《墨子》更多了。读别种书愈多,《墨子》愈懂得多。

所以我们也说,读一书而已则不足以知一书。多读书,然后可以专读一书。譬如读《诗经》,你若先读了北大出版的《歌谣周刊》,便觉得《诗经》好懂得多了;你若先读过社会学,人类学,你懂得更多了;你若先读过文字学,古音韵学,你懂得更多了;你若读过考古学,比较宗教学等,你懂得的更多了。

你要想读佛家唯识宗的书吗?最好多读点论理学,心理学,比较宗教学,变态心理学。无论读什么书总要多配几副好眼镜。

你们记得达尔文研究生物进化的故事吗?达尔文研究生物

演变的现状,前后凡三十多年,积了无数材料,想不出一个简单贯串的说明。有一天他无意中读马尔图斯的人口论,忽然大悟生存竞争的原则,于是得着物竞天择的道理,遂成一部破天荒的名著,给后世思想界打开一个新纪元。

所以要博学者,只是要加添参考的材料,要使我们读书时容易得"暗示";遇着疑难时,东一个暗示,西一个暗示,就不至于呆读死书了。这叫做"致其知而后读"。

第二,为做人计。

专工一技一艺的人,只知一样,除此之外,一无所知。这一类的人,影响于社会很少。好有一比,比一根旗竿,只是一根孤拐,孤单可怜。

又有些人广泛博览,而一无所专长,虽可以到处受一班贱人的欢迎,其实也是一种废物。这一类人,也好有一比,比一张很大的薄纸,禁不起风吹雨打。

在社会上,这两种人都是没有什么大影响,为个人计,也很少乐趣。

理想中的学者,既能博大,又能精深。精深的方面,是他的专门学问。博大的方面,是他的旁搜博览。博大要几乎无所不知,精深要几乎惟他独尊,无人能及。他用他的专门学问做中心,次及于直接相关的各种学问,次及于间接相关的各种学问,次及于不很相关的各种学问,以次及毫不相关的各种泛览。这样的学者,也有一比,比埃及的金字三角塔。那金字塔(据最近《东方杂志》,第二十二卷第六号,页一四七)高四百八十英尺,底边各边长七百六十四英尺。塔的最高度代表最精深的专门学问;从此点以次递减,代表那旁收博览的各种相关或不相关的学问。塔底的面积代表博大的范围,精深的造诣,博大的同情心。这样的人,对社会是极有用的人才,对自己也能充分享受人生的趣味。宋儒程颢说得好:

  须是大其心使开阔:譬如为九层之台,须大做脚始得。

博学正所以"大其心使开阔"。我曾把这番意思编成两句粗浅的口号,现在拿出来贡献给诸位朋友,作为读书的目标:

  为学要如金字塔,
  要能广大要能高。

十四,四,廿二夜改稿

我的读书经验

蔡元培

我自十余岁起,就开始读书;读到现在,将满六十年了;中间除大病或其他特别原因外,几乎没有一日不读点书的。然而我没有什么成就,这是读书不得法的缘故。我把不得法的概略写出来,可以作前车之鉴。

我的不得法第一是不能专心:我初读书的时候,读的都是旧书,不外乎考据、词章两类。我的嗜好,在考据方面,是偏于诂训及哲理的,对于典章名物,是不大耐烦的;在词章上,是偏于散文的,对于骈文及诗词,是不大热心的。然而以一物不知为耻,种种都读;并且算学书也读,医学书也读,都没有读通。所以我曾经想编一部《说文声系义证》,又想编一本《公羊春秋大义》,都没有成书。所为文辞,不但骈文诗词,没有一首可存的,就是散文也太平凡了。到了四十岁以后我始学德文,后来又学法文,我都没有好好儿做那记生字、练文法的苦工,而就是生吞活剥地看书,所以至今不能写一篇合格的文章,作一回短期的演说。在德国进大学听讲以后,哲学史、文学史、文明史、心理学、美学、美术史、民族学统统去听,那时候这几类的参考书,也就乱读起来了。后来虽勉自收缩,以美学与美术史为主,辅以民族学;然而他类的书终不能割爱,所以想译一本美学,想编一部比较的民族学,也都没有成书。

我的不得法,第二是不能勤笔:我的读书,本来抱一种利己主义,就是书里面的短处,我不大去搜寻他,我只注意于我所认为有用的或可爱的材料。这本来不算坏,但是我的坏处,就是我虽读的时候注意于这几点,但往往为速读起见,无暇把这几点摘抄出来,或在书上做一点特别的记号,若是有时候想起来,除了德文书检目特详,尚易检寻外,其他的书,几乎不容易寻到了。我国现虽有人编"索引""引得"等等,又专门的辞典,也逐渐增加,寻检自然较易,但各人有各自的注意点,普通的检目,断不能如自己记别的方便。我尝见胡适之先生有一个时期,出门时常常携一两本线装书,在舟车上或其他忙里偷闲时翻阅,见到有用的材料,就折角或以铅笔作记号。我想他回家后或者尚有摘抄的手续。我记得有一部笔记,说王渔洋读书时,遇有新隽的典故或词句,就用纸条抄出,贴在书斋壁上,时时览读,熟了就揭去,换上新得的。所以他记得很多。这虽是文学上的把戏,但科学上何尝不可以仿作呢?我因从来懒得动笔,所以没有成就。

我的读书的短处,我已经经验了许多的不方便,特地写出来,望读者鉴于我的短处,第一能专心,第二能勤笔,这一定有许多成效。

为什么读书

胡 适

青年会叫我在未离南方赴北方之前在这里谈谈,我很高兴,题目是为什么读书。现在读书运动大会开始,青年会拣定了三个演讲题目。我看第二题目怎样读书很有兴味,第三题目读什么书更有兴味,第一题目无法讲,为什么读书,连小孩子都知道,讲起来很难为情,而且也讲不好。所以我今天讲这个题目,不免要侵犯其余两个题目的范围,不过我仍旧要为其余两位演讲的人留一些余地。现在我就把这个题目来试一下看。我从前也有过一次关于读书的演讲,后来我把那篇演讲录略事修改,编入三集文存里面,那篇文章题目叫做《读书》,其内容性质较近于第二题目,诸位可以拿来参考。今天我就来试试为什么读书这个题目。

从前有一位大哲学家做了一篇《读书乐》,说到读书的好处,他说:"书中自有千钟粟,书中自有黄金屋,书中自有颜如玉。"这意思就是说,读了书可以做大官,获厚禄,可以不至于住茅草房子,可以娶得年轻的漂亮太太(台下哄笑)。诸位听了笑起来,足见诸位对于这位哲学家所说的话不十分满意,现在我就讲所以要读书的别的原因。

为什么要读书？有三点可以讲：第一，因为书是过去已经知道的智识学问和经验的一种记录，我们读书便是要接受这人类的遗产；第二，为要读书而读书，读了书便可以多读书；第三，读书可以帮助我们解决困难，应付环境，并可获得思想材料的来源。我一踏进青年会的大门，就看见许多关于读书的标语。为什么读书？大概诸位看了这些标语就都已知道了，现在我就把以上三点更详细的说一说。

第一，因为书是代表人类老祖宗传给我们的智识的遗产，我们接受了这遗产，以此为基础，可以继续发荣光大，更在这基础之上，建立更高深更伟大的智识。人类之所以与别的动物不同，就是因为人有语言文字，可以把智识传给别人，又传至后人，再加以印刷术的发明，许多书报便印了出来。人的脑很大，与猴不同，人能造出语言，后来更进一步而有文字，又能刻木刻字；所以人最大的贡献就是（留下）过去的智识和经验，使后人可以节省许多脑力。非洲野蛮人在山野中遇见鹿，他们就画了一个人和一只鹿以代信，给后面的人叫他们勿追。但是把智识和经验遗给儿孙有什么用处呢？这是有用处的，因为这是前人很好的教训。现在学校里各种教科（书），如物理、化学、历史，等等，都是根据几千年来进步的智识编纂成书的，一年，两年，或者三年，教完一科。自小学、中学，而至大学毕业，这十六年中所受的教育，都是代表我们老祖宗几千年来得来的智识学问和经验。所谓进化，就是叫人节省劳力，蜜蜂虽能筑巢，能发明，但传下来就只有这一点智识，没有继续去改革改良，以应付环境，没有做格外进一步的工作。人呢，达不到目的，就再去求进步，而以前人的智识学问和经验作参考。如果每样东西,要个个人从头学起,而不去利用过去的智识,那不是太麻烦吗?所以人有了这智识的遗产,就可以自己去成家立业,就可以缩短工作,使有余力做别的事。

第二点稍复杂,就是为读书而读书。读书不是那么容易的一件事情,不读书不能读书,要能读书才能多读书。好比戴了眼镜,小的可以放大,糊涂的可以看得清楚,远的可以变为近。读书也要戴眼镜。眼镜越好,读书的了解力也越大。王安石对曾子固说:"读经而已,则不足以知经。"所以他对于《本草》、《内经》、小说,无所不读,这样对于经才可以明白一些。王安石说:"致其知而后读。"请你们注意,他不说读书以致知,却说,先致知而后读书。读书固然可以扩充知识;但知识越扩充了,读书的能力也越大。这便是"为读书而读书"的意义。

试举《诗经》作一个例子。从前的学者把《诗经》看作"美""刺"的圣书,越讲越不通。现在的人应该多预备几副好眼镜,人类学的眼镜,考古学的眼镜,文法学的眼镜,文学的眼镜。眼镜越多越好,越精越好。例如"野有死麇,白茅包之。有女怀春,吉士诱之";我们若知道比较民俗学,便可以知道打了野兽送到女子家去求婚,是平常的事。又如"钟鼓乐之,琴瑟友之",也不必说什么文王太姒,只可看作少年男子在女子的门口或窗下奏乐唱和,这也是很平常的事。再从文法方面来观察,像《诗经》里"之子于归","黄鸟于飞","凤凰于飞"的"于"字,此外,《诗经》里又有几百个的"维"字,还有许多"助词","语词",这些都是有作用而无意义的虚字,但以前的人却从未注意及此。这些字若不明白,《诗经》便不能懂。再说在《墨子》一书里,有点光学、力学；又有点经济学。但你要懂得光学，才能懂得墨子所说的光；你要懂得各种智识，才能懂得墨子里一些最难懂的文句。总之，读书是为了要读书，多读书更可以读书。最大的毛病就在怕读书，怕读难书。越难读的书我们越要征服它们，把它们作为我们的奴隶或向导，我们才能够打倒难书，这才是我们的"读书乐"。若是我们有了基本的科学知识，那末，我们在读书时便能左右逢源。我再说一遍，读书的目的在于读书，要读书越多才可以读书越多。

第三点，读书可以帮助解决困难，应付环境，供给思想材料。知识是思想材料的来源。思想可分作五步。思想的起源是大的疑问。吃饭拉屎不用想，但逢着三叉路口，十字街头那样的环境，就发生困难了。走东或走西，这样做或是那样做，有了困难，才有思想。第二步要把问题弄清，究竟困难在那一点上。第三步才想到如何解决，这一步，俗话叫做出主意。但主意太多，都采用也不行，必须要挑选。但主意太少，或者竟全无主意，那就更没有办法了。第四步就是要选择一个假定的解决方法。要想到这一个方法能不能解决。若不能，那末，就换一个；若能，就行了。这好比开锁，这一个钥匙开不开，就换一个；假定是可以开的，那末，问题就解决了。第五步就是证实。凡是有条理的思想都要经过这步，或是逃不了这五个阶级。科学家要解决问题，侦探要侦探案件，多经过这五步。

这五步之中，第三步是最重要的关键。问题当前，全靠有主意(Ideas)。主意从哪儿来呢？从学问经验中来。没有智识的人，见了问题，两眼白瞪瞪，抓耳挠腮，一个主意都不来。学问丰富的人，见着困难问题，东一个主意，西一个主意，挤上来,涌上来,请求你录用。读书是过去智识学问经验的记录,而智识学问经验就是要用在这时候,所谓养军千日,用在一朝。否则,学问一些都没有,遇到困难就要糊涂起来。例如达尔文把生物变迁现象研究了几十年,却想不出一个原则去整统他的材料。后来无意中看到马尔萨斯的人口论,说人口是按照几何学级数一部一倍的增加,粮食是按照数学级数增加,达尔文研究了这原则,忽然触机,就把这原则应用到生物学上去,创了物竞天择的学说。读了经济学的书,可以得着一个解决生物学上的困难问题(的方法),这便是读书的功用。古人说:"开卷有益",正是此意。读书不是单为文凭功名,只因为书中可以供给学问知识,可以帮助我们解决困难,可以帮助我们思想。又譬如从前的人以为地球是世界的中心,后来天文学家科白尼却主张太阳是世界的中心,地球绕着而行。据罗素说,科白尼所以这样的解说,是因为希腊人已经讲过这句话;假使希腊没有这句话,恐怕更不容易有人敢说这句话吧。这也是读书的好处。有一家书店印了一部旧小说叫做《醒世姻缘》,要我作序。这部书是西周生所著的,印好在我家藏了六年,我还不曾考出西周生是谁。这部小说讲到婚姻问题,其内容是这样:有个好老婆,不知何故,后来忽然变坏,作者没有提及解决方法,也没有想到可以离婚,只说是前世作孽,因为在前世男虐待女,女就投生换样子,压迫者变为被压迫者。这种前世作孽,起先相爱,后来忽变的故事,我仿佛什么地方看见过。后来忽然想起《聊斋》一书中有一篇和这相类似的笔记,也是说到一个女子,起先怎样爱着她的丈夫,后来怎样变为凶太太,便想到这部小说大约是蒲留仙或是蒲留仙的朋友做的。去年我看到一本杂记,也说是蒲留仙做的,不过没有多大证据。今年我在北京,才找到了证据。这一件事可以解释刚才我所说的第二点,就是读书可以帮助读书;同时也可以解释第三点,就是读书可以供给出主意的来源。当初若是没有主意,到了逢着困难时便要手足无措,所以读书可以解决问题,就是军事、政治、财政、思想等问题,也都可以解决,这就是读书的用处。

我有一位朋友,有一次傍着灯看小说,洋灯装有油,但是不亮,因为灯芯短了。于是他想到《伊索寓言》里有一篇故事,说是一只老鸦要喝瓶中的水,因为瓶太小,得不到水,它就衔石投瓶中,水乃上来。这位朋友是懂得化学的,于是加水于灯中,油乃碰到灯芯。这是看《伊索寓言》给他看小说的帮助。读书好像用兵,养兵求其能用,否则即使坐拥十万二十万的大兵也没有用处,难道只好等他们"兵变"吗?

至于"读什么书",下次陈钟凡先生要讲演,今天我也附带的讲一讲。我从五岁起到了四十岁,读了三十五年的书。我可以很诚恳的说,中国旧籍是经不起读的。中国有五千年文化,"四部"的书已是汗牛充栋。究竟有几部书应该读,我也曾经想过。其中有条理有系统的精心结构之作,二千五百年以来恐怕只有半打。"集"是杂货店,"史"和"子"还是杂货店。至于"经",也只是杂货店,讲到内容,可以说没有一些东西可以给我们改进道德增进智识的帮助的。中国书不够读,我们要另开生路,辟殖民地,这条生路,就是每一个少年人必须至少要精通一种外国文字。读外国语要读到有乐而无苦,能做到这地步,书中便有无穷乐趣。希望大家不要怕读书,起初的确要查阅字典,但假使能下一年苦功,继续不断做去,那末,在一二年中定可开辟一个乐园,还只怕求知的欲望太大,来不及读呢。我总算是老大哥,今天我就根据我过去三十五年读书的经验,给你们这一个临别的忠告。

闭户读书论

周作人

自唯物论兴而人心大变。昔者世有所谓灵魂等物，大智固亦以轮回为苦，然在凡夫则未始不是一种慰安，风流士女可以续未了之缘，壮烈英雄则曰："二十年后又是一条好汉。"但是现在知道人的性命只有一条，一失足成千古恨，再回头已百年身，只有上联而无下联，岂不悲哉！固然，知道人生之不再，宗教的希求可以转变为社会运动，不求未来的永生，但求现世的善生，勇猛地冲上前去，造成恶活不如好死之精神，那也是可能的。然而在大多数凡夫却有点不同，他的结果不但不能砭顽起懦，恐怕反要使得懦夫有卧志了吧。

"此刻现在"，无论在相信唯物或是有鬼论者都是一个危险时期。除非你是在做官，你对于现时的中国一定会有好些不满或是不平。这些不满和不平积在你的心里，正如噎隔患者肚里的"痞块"一样，你如没有法子把他除掉，总有一天会断送你的性命。那么，有什么法子可以除掉这个痞块呢？我可以答说，没有好法子。假如激烈一点的人，且不要说动，单是乱叫乱嚷起来，想出出一口鸟气，那就容易有共党朋友的嫌疑，说不定会同逃兵之流一起去正了法。有鬼论者还不过白折了二十年光阴，只有一副性命的就大上其当了。忍耐着不说呢，恐怕也要变成忧郁病，倘若生在上海，迟早总跳进黄浦江里去，也不管公安局钉立的木牌说什么死得死不得。结局是一样，医好了烦闷就丢掉了性命，正如门板夹直了驼背。那么怎么办好呢？我看，苟全性命于乱世是第一要紧，所以最好是从头就不烦闷。不过这如不是圣贤，只有做官的才能够，如上文所述，所以平常下级人民是不能仿效的。其次是有了烦闷去用方法消遣。抽大烟，讨姨太太，赌钱，住温泉场等，都是一种消遣法，但是有些很要用钱，有些很要用力，寒士没有力量去做。我想了一天才算想到了一个方法，这就是"闭户读书"。

记得在没有多少年前曾经有过一句很行时的口号，叫作"读书不忘救国"。其实这是很不容易的。西儒有言，二鸟在林不如一鸟在手，追两兔者并失之。幸而近来"青运"已经停止，救国事业有人担当，昔日辘轳体的口号今成截上的小题，专门读书，此其时矣，闭户云者，聊以形容，言其专一耳，非真辟札则不把卷，二者有必然之因果也。

但是，敢问读什么呢？《经》，自然，这是圣人之典，非读不可的，而且听说三民主义之源盖出于《四书》，不特维礼教即为应考试计，亦在所必读之列，这是无可疑的了。但我所觉得重要的还是在于乙部，即是四库之史部。老实说，我虽不大有什么历史癖，却是很有点历史迷的。我始终相信《二十四史》是一部好书，他很诚恳地告诉我们过去曾如此，现在是如此，将来要如此。历史所告诉我们的在表面的确只是过去，但现在与将来也就在这里面了：正史好似人家祖先的神像，画得特别庄严点，从这上面却总还看得出子孙的面影,至于野史等更有意思,那是行乐图小照之流,更充足地保存真相,往往令观者拍案叫绝,叹遗传之神妙。正如獐头鼠目再生于十世之后一样,历史的人物亦常重现于当世的舞台,恍如夺舍重来,慑人心目,此可怖的悦乐为不知历史者所不能得者也。通历史的人如太乙真人目能见鬼,无论自称为什么,他都能知道这是谁的化身,在古卷上找得他的元形,自盘庚时代以降一一具在,其一再降凡之迹若示诸掌焉。浅学者流妄生分别,或以二十世纪,或以北伐成功,或以农军起事划分时期,以为从此是另一世界,将大有改变,与以前绝对不同,仿佛是旧人霎时死绝,新人自天落下,自地涌出,或从空桑中跳出来,完全是两种生物的样子:此正是不学之过也。宜趁现在不甚适宜于说话做事的时候,关起门来努力读书,翻开故纸,与活人对照,死书就变成活书,可以得道,可以养生,岂不懿欤?——喔,我这些话真说得太抽象而不得要领了。但是,具体的又如何说呢?我又还缺少学问,论理还应少说闲话,多读经史才对,现在赶紧打住吧。

一九二八年十一月吉日

入厕读书

周作人

郝懿行著《晒书堂笔录》卷四有《入厕读书》一条云:

> 旧传有妇人笃奉佛经,虽入厕时亦讽诵不辍,后得善果而竟卒于厕,传以为戒,虽出释氏教人之言,未必可信,然亦足见污秽之区,非讽诵所宜也。《归田录》载钱思公言平生好读书,坐则读经史,卧则读小说,上厕则阅小词,谢希深亦言宋公垂每走厕必挟书以往,讽诵之声琅然闻于远近。余读而笑之,入厕脱裤,手又携卷,非惟太亵,亦苦甚忙,人即笃学,何至乃尔耶。至欧公谓希深言平生所作文章多在三上,乃马上枕上厕上也,盖惟此尤可以属思尔,此语却妙,妙在亲切不浮也。

郝君的文章写得很有意思,但是我稍有异议,因为我是颇赞成厕上看书的。小时候听祖父说,北京的跟班有一句口诀云,老爷吃饭快,小的拉矢快,跟班的话里含有一种讨便宜的意思,恐怕也是事实。一个人上厕的时间本来难以一定,但总未必很短,而且这与吃饭不同,无论时间怎么短总觉得这是白费的,想方法要来利用他一下。如吾乡老百姓上茅坑时多顺便喝一筒旱烟,或者有人在河沿石磴下淘米洗衣,或有人挑担走过,又可以高声谈话,说这米几个铜钱一升或是到什么地方去。读书,这无非是喝旱烟的意思罢了。

话虽如此,有些地方原来也只好喝旱烟,于读书是不大相宜的。上文所说浙江某处一带沿河的茅坑,是其一。从前在南京曾经寄寓在一个湖南朋友的书店里,这位朋友姓刘,我从赵伯先那边认识了他,那年有乡试,他在花牌楼附近开了一家书店,我患病住在学堂里很不舒服,他就叫我住到他那里去,替我煮药煮粥,招呼考相公卖书,暗地还要运动革命,他的精神实在是很可佩服的。我睡在柜台里面书架子的背后,吃药喝粥都在那里,可是便所却在门外,要走出店门,走过一两家门面,一块空地的墙根的垃圾堆上。到那地方去我甚以为苦,这一半固然由于生病走不动,就是在康健时也总未必愿意去的,是其二。民国八年夏我到日本日向去访友,住在一个名叫木城的山村里,那里的便所虽然同普通一样上边有屋顶,周围有板壁门窗,但是它同住房离开有十来丈远,孤立田间,晚间要提了灯笼去,下雨还得撑伞,而那里雨又似乎特别多,我住了五天总有四天是下雨,是其三。末了是北京的那种茅厕,只有一个坑两垛砖头,雨淋风吹日晒全不管。去年往定州访伏园,那里的茅厕是琉球式的,人在岸上,猪在坑中,猪咕咕的叫,不习惯的人难免要害怕,哪有工夫看什么书,是其四。《语林》云,石崇厕有绛纱帐大床,茵蓐甚丽,两婢持锦香囊,这又是太阔气了,也不适宜。其实我的意思是很简单的,只要有屋顶,有墙有窗有门,晚上可以点灯,没有电灯就点白蜡烛亦可,离住房不妨有二三十步,虽然也要用雨伞,好在北方不大下雨。如有这样的厕所,那么上厕时随意带本书去读读我想倒还是呒啥的吧。

谷崎润一郎著《摄阳随笔》中有一篇《阴翳礼赞》,第二节说到日本建筑的厕所的好处。在京都奈良的寺院里,厕所都是旧式的,阴暗而扫除清洁,设在闻得到绿叶的气味青苔的气味的草木丛中,与住房隔离,有板廊相通。蹲在这阴暗光线之中,受着微明的纸障的反射,耽于瞑想,或望着窗外院中的景色,这种感觉真是说不出的好。他又说:

> 我重复地说,这里须得有某种程度的阴暗,彻底的清洁,连蚊子的呻吟声也听得清楚地寂静,都是必须的条件。我很喜欢在这样的厕所里听萧萧地下着的雨声。特别在关东的厕所,靠着地板装有细长的扫出尘土的小窗,所以那从屋檐或树叶上滴下来的雨点,洗了石灯笼的脚,润了砧脚石上的苔,幽幽地沁到土里去的雨声,更能够近身地听到。实在这厕所是宜于虫声,宜于鸟声,亦复宜于月夜,要赏识四季随时的物情之最相适的地方,恐怕古来的俳人曾从此外得到过无数的题材吧。这样看来,那么说日本建筑之中最是造得风流的是厕所,也没有什么不可。

谷崎压根儿是个诗人,所以说得那么好,或者也就有点华饰,不过这也只是在文字上,意思却是不错的。日本在近古的战国时代前后,文化的保存与创造差不多全在五山的寺院里,这使得风气一变,如由工笔的院画转为水墨的枯木竹石,建筑自然也是如此,而茶室为之代表,厕之风流化正其余波也。

佛教徒似乎对于厕所向来很是讲究。偶读大小乘戒律,觉得印度先贤十分周密地注意于人生各方面,非常佩服,即以入厕一事而论,后汉译《大比丘三千威仪》下列举"至舍后者有二十五事",宋译《萨婆多部毗尼摩得勒伽》六自"云何下风"至"云何筹草"凡十三条,唐义净著《南海寄归内法传》二有第十八"便利之事"一章,都有详细的规定,有的是很严肃而幽默,读了忍不住五体投地。我们又看《水浒传》鲁智深做过菜头之后还可以升为净头,可见中国寺里在古时候也还是注意此事的。但是,至少在现今这总是不然了,民国十年我在西山养过半年病,住在碧云寺的十方堂里,各处走到,不见略略像样的厕所,只如在《山中杂信》五所说:

> 我的行踪近来已经推广到东边的水泉。这地方确是还好,我于每天清早没有游客的时候去徜徉一会儿,赏鉴那山水之美。只可惜不大干净,路上很多气味——因为陈列着许多《本草》上的所谓人中黄。我想中国真是一个奇妙的国,在那里人们不容易得着营养料,也没有方法处置他们的排泄物。

在这种情形之下,中国寺院有普通厕所已经是大好了,想去找可以瞑想或读书的地方如何可得。出家人那么拆烂污,难怪白衣矣。

但是假如有干净的厕所,上厕时看点书却还是可以的,想作文则可不必。书也无须分好经史子集,随便看看都成。我有一个常例,便是不拿善本或难懂的书去,虽然看文法书也是寻常。

据我的经验,看随笔一类最好,顶不行的是小说。至于朗诵,我们现在不读八大家文,自然可以无须了。

(一九三五年)十月

书　痴

叶灵凤

不久以前，我从辽远的纽约买来了一张原版的铜刻，作者麦赛尔（Mercier）并不是一位怎样了不起的版画家，价钱也不十分便宜，几乎要花费了十篇这样短文所得的稿费，这在我当然是过于奢侈的举动，然而我已经深深的迷恋着这张画面上所表现的一切，终于毫不踌躇地托一家书店去购来了。

这张铜刻的题名是"书痴"。画面是一间藏书室，四壁都是直达天花板的书架，在一架高高梯凳顶上，站着一位白发老人，也许就是这间藏书室的主人，他胁下夹着一本书，两腿之间夹着一本书，左手持着一本书在读，右手正从架上又抽出一本。天花板上有天窗，一缕阳光正斜斜的射在他的书上，射在他的身上。

麦赛尔的手法是写实的，他的细致的钢笔，几乎连每一册书的书脊都被刻画出了。

这是一个颇静谧的画面。这位藏书室的主人，也许是一位退休的英雄，也许是一个博学无所精通的涉猎家，晚年沉浸在寂寞的环境里，偶然因了一点感触，便来发掘他的宝藏。他也许有所搜寻，也许毫无目的，但无论怎样，在这一瞬间，他总是占有了这小小的世界,暂时忘记了他一生的哀乐了。

读书是一件乐事,藏书更是一件乐事。但这种乐趣不是人人可以获得,也不是随时随地可以拈来即是的。学问家的读书,抱着"开卷有益"的野心,估量着书中每一个字的价值而定取舍,这是在购物,不是读书。版本家的藏书,斤斤较量着版本的格式,藏家印章的有无,他是在收古董,并不是在藏书。至于暴发户和大腹贾,为了装点门面,在旦夕之间便坐拥百城,那更是书的敌人了。

真正的爱书家和藏书家,他必定是一个在广阔的人生道上尝遍了哀乐,而后才走入这种狭隘的嗜好以求慰藉的人。他固然重视版本,但不是为了市价;他固然手不释卷,但不是为了学问。他是将书当作了友人,将读书当作了和朋友谈话一样的一件乐事。

正如这幅画上所表现的一样,这间藏书室里的书籍,必定是辛辛苦苦零星搜集而成。然后在偶然的翻阅之间,随手打开一本书,想起当日购买的情形,便像是不期而然在路上遇见一位老友一样。

古人说水火和兵燹是图书的三厄,再加上遇人不淑,或者竟束之高阁。所以一册书到手,在有些人眼中看来正不是一件易事,而这乱世的藏书,更有朝不保暮之虞。这种情形之下,想到这幅画上的一切,当然更使人神往了。

重读之书

叶灵凤

　　小泉八云曾劝人不要买那只读一遍不能使人重读的书。这是一句意味很深长的读书箴言,也是买书箴言。中国古语所谓书籍"汗牛充栋,浩如烟海",在机械生产的今日,一个人即使财力和精力都胜任,恐怕也不能读尽所有的书,买尽所有的书。因此,我们在不十分闲暇的人生忙迫之中,能忙里偷闲,将自己所喜爱的读过的书取出重读一遍,实是人生中一件愉快的事。

　　读书本是精神上的探险,尽管他人的介绍与推荐,对于一本书的真实印象如何,总要待自己读完之后才可决定。有些为一般人所指责的书,自己因了个人的特性或一时的环境关系,竟有特殊的爱好,这正与名胜的景色一样,卧游固是乐事,然而亲临其地观赏,究竟与在游览指南之类所得者不同。将读过的书重读一遍,正与旧地重临一样,同是那景色,同是自己,却因了心情和环境的不同,会有一种稔熟而又新鲜的感觉。这在人生中,正如与一位多年不见的旧友相逢,你知道他的过去,但是同时又在揣测他目前的遭遇如何。

　　有人说,与其读一百部好书,不如将五十部重读一遍,因为仔细的将已经获得的重新加以咀嚼,有时比生吞活剥更有好处。但可惜的是,人生太短,好书太多,我们遂终于在顾此失彼之中生活,正如可爱的季辛所慨叹:

"唉,那些不能有机会再读一遍的书哟!"

季辛所惋惜的,不仅是可以重读,而是那少数的可以百读不厌的书,因为他接着又说:

"温雅的安静的书,高贵的启迪的书:那些值得埋头细嚼,不仅一次而可以重读多次的书。可是我也许永无机会再将他们握在手里一次了;流光如驶,而时日又是这样的短少。也许有一天,当我躺在床上静待我的最后,这些被遗忘的书中的一部会走入我彷徨的思索之中,而我便像记起一位曾经于我有所助益的朋友一样的记起他们——偶然邂逅的友人。这最后的诀别之中将含着怎样的惋惜!"

在这岁暮寒天,正是我们思念旧友,也正是我们重行翻开一册已经读过一次,甚或多次的好书最适宜的时候。

我之于书

夏丏尊

二十年来,我生活费中至少十分之一二是消耗在书上的。我的房子里比较贵重的东西就是书。

我一向没有对于任何问题做高深研究的野心,因之所买的书范围较广,宗教、艺术、文学、社会、哲学、历史、生物,各方面差不多都有一点。最多的是各国文学名著的译本,与本国古来的诗文集,别的门类只是些概论等类的入门书而已。

我不喜欢向别人或图书馆借书。借来的书,在我好像过不来瘾似的,必要是自己买的才满足。这也可谓是一种占有的欲望。买到了几册新书,一册一册地加盖藏书印记,我最感到快悦的是这时候。

书籍到了我的手里,我的习惯是先看序文,次看目录。页数不多的往往立刻通读,篇幅大的,只把正文任择一二章节略加翻阅,就插在书架上。除小说外,我少有全体读完的大部的书,只凭了购入当时的记忆,知道某册书是何种性质,其中大概有些什么可取的材料而已。什么书在什么时候再去读再去翻,连我自己也无把握,完全要看一个时期一个时期的兴趣。关于这事,我常自比为古时的皇帝,而把插在架上的书譬诸列屋而居的宫女。

我虽爱买书,而对于书却不甚爱惜。读书的时候,常在书上把我所认为要紧的处所标出。线装书大概用笔加圈,洋装书竟用红铅笔划粗粗的线。经我看过的书,统体干净的很少。

据说,任何爱吃糖果的人,只要叫他到糖果铺中去做事,见了糖果就会生厌。自我入书店以后,对于书的贪念也已消除了不少了,可是仍不免要故态复萌,想买这种,想买那种。这大概因为糖果要用嘴去吃,摆存毫无意义,而书则可以买了不看,任其只管插在架上的缘故吧。

怎样读书

樊仲云

"怎样读书"是个最普通不过的题目,好像"怎样吃饭"一样,凡是读书的人,大概没有不知道的。例如眼到,口到,心到,手到,那已是老生常谈,用不着再说,即是怎样写笔记,怎样加线条记号等等,也都是众所共知的。所以这里,还是写一点我个人怎样读书的经验吧。

说也惭愧,我竟没有系统地读过什么书,这原因的一半由于尚是读书的年龄,就须为生活而劳动,没有整段的时间;一半则因为也没有如古人那样埋头研究的精神。我的读书,大抵是随自己一时的兴味,或者经了朋友的介绍而始动手的。所以普通的书,我都浏览一过便算了事,只有觉得这本书在浏览之后值得重读的,于是不仅每段择其要点,加线、加圈,或者加点,且于书上将每段要点,也摘记下来。因为要摘取每段的要旨,使我对于所读的书,不得不有仔细的思索。因了这样一再的思索,于是全书读完以后,对于大体内容,得到一个相当概念:待至作文记了起来,要想以为参考时,把那读过的书翻开,一看眉上所摘的要旨,便可很容易的找到我所需要的材料。我觉得这个方法,似乎比写劄记好，因为省时间，当然，这是就我个人以言，倘然时间比较充分的，那末多用一分工夫，总是比偷懒的办法有益的。

  我的读书方法，因为是在书上打圈点记号，再加眉批，摘取要旨，所以遇到是向他人或图书馆借来的图书时，便感到不可能，所以虽然书已看过，往往为了摘取要点，自己再去买一本来，但是因为业已看过，结果对于这些标记的工作，却往往从此搁了下来。因为这本书既未仔细读过，迨过了几时，再去翻阅，遂往往有很生疏如未读过的地方。这使我感到书单是读是不够的，读了之后，必定要有思索及摘记的工作，那末这本书的内容，才可给我受用。说起来这还是眼到，心到，手到的老法子，不过我是自己这样由经验而认识这老法子的。

  还有一点经验，我觉得如读史地，甚至如阅报章杂志，最好同时能备一本地图。往往因地图的帮助，使我对于事实的理解与记忆，更为容易。尤其是读历史，要记住古代地名，颇费心力，倘能对着地图，以今证古，就很容易记着了。

  又因服务书店之故，乃得时时到图书室中，翻阅我所要读的书，自然读不了多少，但是却给我认识了学海之浩瀚无涯。有不少的书，从目录序文的翻阅，到底也得了个大概。因此之故，使我觉得对于青年子弟，读书的机会也是很要紧的。现在图书馆已没有从前那样可以自由出入了，但为了要扩大对于图书的认识，于是只好常到中外的书店中翻阅图书，这成为如看电影样的一种消遣。有时遇到好书，便估量我的经济买了回来。然而遇到囊中空空的时候，虽有好书，只好恋恋不舍的走开，那时在感情上可真难受呢。

  至如读外国文，我的经验大概是这样：因为我对于英文日文,都是出于自修,而我当时的目的,因旨在看书,所以发音怎样,我是不大顾到的,甚至作文,我也置之不顾,我的用意,只求能明白文句的真义。但欲明白真正的意义,单是认识生字,讲解句子,还是不够,我便借此来练习我的翻译,这使我对于一字一句都有仔细思索寻味的机会。我所读的,大抵是英文而有日文译注的文学作品,因此,我得由日文以解释英文,由英文以理会日文,从两方面的比较对照,认取其意义所在。我颇想以此方法,自修德文,但是上了三十的年纪,虽然时间可以抽得出来,而少年时那种读书的精神却大减了,结果德文还是不得其门而入。由此可知读书在"怎样读书"以外,还得有读书的精神才是。

对于读书问题的我见

江问渔

我读书虽然数十年,毕竟还是一个大门外汉,以一个门外汉,来研究门内事,当然很困难的。可是古人说过:"我非智者,而爱智者。"我也有同样的说法:"我非学者,而爱读书。"现在且把我对于研究读书问题的一些心得,分三点来说一说。

一 为什么读书

这个说法,似乎很离奇,比如有人问:"为什么吃饭?"这不是和"为什么读书"一样么?这却是很难回答。但仔细一想,也有些道理在里面。为什么读书?我的答案,是"为学做人而读书"。有人要说是为文凭而读书,这当然是绝对错误了。为求学问智识而读书,为谋职业而读书,虽然有一部分理由,但仍未免把读书的价值,看得太低。所以我要说"为学做人而读书"。我不敢说这个答案,一定就对,因为不读书的人,也有会做人的啊。但是,我可再答一句说:"不读书的,且会做人;那末,读书的,不更应该会做人么?"

继此,再进一步,来研究怎样去做人罢!我以为要做人,要做一个好人,一定要具有次列三个条件:

(1)优良的品性;(2)丰富的知识;(3)应变的才能。

这三个条件,缺一不可,一定要把这三件,完备起来,且融会贯通起来,才能成为好人。倘若缺了两件,固然不行,就是缺了一件,亦复不可。若三样没有,那末便如古人所说"不为圣贤,便为禽兽"了。本来三件都不全的人,便可以说和禽兽差不多。盖有了知识,还得要有善良的品行,去统御他;知识原是空的,没有才能,也无从运用啊。所谓才能,就是应付困难的能力。中国被外人压迫,说没有法子,这便是没有才能的表示。要做一个好人,要从读书入手,其目的就是为借读书的作用,来增加知识锻炼才能,矫正品性。但是现在到处都看到书呆子,知识虽很丰富,差不多什么都知道,可是遇事却无应付方法。这就是因为他"只知为求知识而读书,不是为学做人而读书"的缘故啊!

若是具体的说来,究竟什么样的人,才能算是好人呢?我以为要分两层来说:

(一)就主观上说,要得着圆满的生活——个人的感觉;

(二)就客观上说,要有益于社会人群——事实的表现。

圆满的生活,到底又是什么呢?一班阔佬,洋房、汽车,什么都有,衣食住,是非常舒服,在普通人看起来,总以为这就是圆满生活了。但是就客观上讲,他的行为,是往往夺人之利以为己利,算得有益于人群么?所以圆满的生活,绝不是在物质上的享受,而是在精神上的发展。

孔子说:"食无求饱,居无求安。"又说:"士志于道,而耻恶衣食者,未足与议也。"他老先生的说话,大概是不会错罢!他是一向赞美"衣敝缊袍,与衣狐貉者立,而不耻者"的子路,"箪食瓢饮不改其乐"的颜渊的,那末,他的用意,也就可以推知了。欧洲有一位哲学家,也曾经说过这样的话:"我宁愿做一个终身穷苦的苏格拉底,不愿做一个快乐的猪。"这是什么意思呢?骤然听了似乎有点令人怀疑。其实,这就是他感觉着"圆满生活已经得着了"的表示啊。如我国宋代的文天祥,被元朝捉去后,关在狱中,他还作《正气歌》,一无忧虑之色,那末,他的泰然自得,也就是他得着圆满生活的表示啊!由此可以证明,生活的圆满,是有时离开物质超过物质,也纯粹在于个人人格的发展。盖他能为社会谋福利,他能决心杀身成仁,能舍生取义而不悔,人格之所以伟大者在此,感觉到得着圆满的生活也在此。而以肉体虽死而他的精神永久不死。因为他是"先天下之忧而忧,后天下之乐而乐",他是终身奔走,为社会人群服务,认定必如此,才算尽了做人的责任。

不过人人都能"先天下之忧而忧,后天下之乐而乐"么?这当然是不可能的,因为一部分人,还没有因读过书,而得着修养,还未必皆明白做人之道,所以智识高的,才力强的,应该对于国家社会,多尽一点责任;地位高的,更应该对于国家社会多尽一点责任。

现在再来研究一研究"做人的根本,究竟是什么"。做人的根本,恐怕是"为求生"罢!说起求生,种类也很多了:乞丐的讨钱,是求生;奸商的骗钱,是求生;谋职业也是求生;慈善家赈济饥民,是求多数人的生。孙中山先生奔走呼号,首创革命,是谋全民族的生。同一求生,而范围的大小,行为的邪正,迥乎不同了,因为求自己的生,而妨碍他人的生,当然是罪恶;牺牲个人而谋大众的生，这才能算是道德。为求生而表现出道德之行，这便是一个做人的最大标准，千千万万不容忽视，因此又要说到中国一向德目中所列的"仁义"二字了。因为这两个字，是和读书学做人，有极密切的关系啊！

"仁"字的意义：（一）二人为人，是社会的起源，所以仁字含有社会的意义；（二）我们吃的瓜子，叫瓜子仁，杏核有杏仁，为什么这些东西都叫仁呢？这是表示仁在土中，能渐渐发育成长，所以仁又含有生机的意思；（三）我们说"麻木不仁"，也就是"麻木不动"，所以仁又有流动活动的意义；（四）仁者爱人，这是普通的解释，就是所谓博大的同情心。所以"仁"实含有四种意义：（一）社会的结合；（二）生机成长；（三）活动不息；（四）博大的同情心。

"义"字的意义，是以个人为立场的，认为需要的、应当的，就做；反之就不做，要具有"富贵不能淫，贫贱不能移，威武不能屈"的精神，他是和仁的德行相辅相助的。

无论新的、旧的道德学，关于仁义的德行，皆是特别注重的，我们不读书，不学做人则已，要读书要学做人，我以为一定要依据仁义，以求得圆满生活。那末，对于第一点，"为什么读书"的问题，我的答案，道"读书是为学做人"，也就可以明白了。

二　书是什么

爱迪生发明许多东西，并不是纯由读书得来的；达尔文的许多优生学上的贡献，是从研究小动物得来的。现在一班学者在实验室里所做的工作,在社会上所做的调查,并不是读书,但是也可以说读书。

那末,"书"究竟是什么东西呢?有人说,书是以文字图画表示,订成本子的东西。但是这个答案,不能算十分对。我说书可以分做广义的和狭义的,抽象的和具体的多种。孔子说:"三人行,必有我师焉。"因为三人中,除我外,其他二人,皆可以告诉我一些不知道的东西,那末,这就无异于读书了。这可说是"广义的书"。所以就广义的书来讲,地上万物,都是书,即考古家掘得了地下古物,也是书。陶渊明写信给他儿子,教他儿子善待仆人,说:"彼亦人子也。"这句话,后人读了,受到感动,改善了他的行为,增加了做人的学问,这固然可说是"具体的书";但如释迦牟尼因为看见了死人的痛苦,就厌恶了世界上生老病死,而决心出家,这死人,便可说是释迦牟尼所读的"抽象的书"。

现在我既解释了什么是书,并且认定了读书,是为学做人,似乎读书的功用,可以明白了。若专来说做人哩,我以为,应有下面的六套功夫:(一)读古人书;(二)受师友训导;(三)观察事件;(四)验之于行事;(五)反省;(六)记载。这也可说一种是"读活书的办法"。本来名人遍天下,我们又何必专靠已死的古人呢?只靠书本,一定不够用,离开具体的书本,抽象的书多得很哩。广义的与抽象的书,比狭义的与具体的书,实在是重要得许多。所以我说:"书不仅是具体的一本一本读物。凡是各种事物,都可以做我们的书。"

以上所说,是我对于书的意见和解释。

三　怎样读书

如此说来,书的范围,未免太广漠了。现在我再要缩小范围,就具体的狭义的书,来研究一下罢!

(一)读书的步骤:

1.读书的时候,要注重书的选择:

(1)审明内容是否为我所需要。(2)配合时间,是否能在一个定期内读完。

2.读书的时候,要决定怎样读法:

(1)哪些需要精读。(2)哪些需要略读。

3.读完以后,要作几种重要的工作:

(1)做表解——分析书中内容,阅之一目了然。(2)摘录——摘录书中要点。(3)评论。

(二)读书有三戒:

1.戒盲读　不加选择,一会儿看这类,一会儿看那类,徒耗时间,一无所得。2.戒浪读　虽经选择,而不确定目标,且忽作忽辍。3.戒死读　不反省,不详察,不求与事实相考证。

(三)读书有四要:

1.要与物的观察相印证。2.要与事的体验相融合。3.要配合目的、时间和需要。4.要思学合一。

为什么读书?书是什么?怎样读书?这三点总算略略说过了。我仅把我的一点心得,简单说出,实在浅陋得很!此外还有一件与读书问题有关的,便是"写日记"。近代成功人,可以说没有一个不靠"日记"的。因为读过的书,有紧要的地方,记了下来,虽是段言片语,也可以终身用之而无穷。还有时人名言,及个人感想,日久易忘的,也必须要把他记载下来。如此日子愈多,材料愈富,经验也就不断增加了。最后一点,我以为要研究读书问题,同时,应该明确认定,我在此时对于国家,对于民族,应该负了什么责任!

读 书 方 法

潘仰尧

职业和读书,很有密切的关系,古语有云:"仕而优则学,学而优则仕。"我从前读到这二句话的时候,到后来在服务时,觉得这两句话,是非常有价值的,今天在座的诸位,有的在职业界里工作,有的在社会上服务,都认为读书是一个很大的问题,但为什么要读书呢?读书无非是改进我们职业,我们要知道职业的训练,非要从书本上找不可。所以要读书,兄弟说读书有三种的作用:

第一,读书可以替我们解决一切的难题,及应付社会上一切的事情,这是读书第一个的作用。

第二,读书可以增进职业上许多的智识,使得做起事情来,可以增进我们的效能,做事情也就容易成功,这是读书的第二个作用。

第三,读书可以使得精神愉快,身体不觉得疲倦,这是读书第三个作用。

所以读书的作用:(一)解决一切的难题;(二)增进我们的效能;(三)使精神愉快。

现在社会上,人事一天复杂一天,报纸上常常有自杀的记载,现于吾人的眼前,但造成自杀的动机,大概由下列原因:

(一)求进太速 一般人往往在职业的地位上,求进的心太速,看人家的地位高,薪俸加,我为什么现在仍旧是如此,因之态度就渐趋变为消极了,古人有云:"欲速则不达。"这句话是何等有价值的啊!因为人家能够地位高,薪俸加,也要经过许多年数的辛苦去换来的,并非一件容易的事情,所以起初服务于社会上的青年,求进的心,不应该太速。

(二)希望太奢 现在有一般人,尤其是学校里的学生,希望心格外奢,以为我毕业之后,地位一定要这样高才可以,薪俸一定要那样多才可以,非此不可,欲以不劳而获;其结果,只会失败,不能成功,由失败态度就变为消极,由消极而跑到自杀服毒的路上去了。

要知道无论哪一件事,不是容易做好,我们要满足我们所做的事情,对思想要彻底忠实,精神要刻苦耐劳,这样,我们所做的事情,件件都是美满的,件件都是成功的。孔子有几句话,就是"其为人也,发愤忘食,乐以忘忧,不知老之将至",青年人,也应当要有这样努力精神才好,还有孔夫子说颜回的一段话:"贤哉回也!一箪食,一瓢饮。在陋巷,人不堪其忧,回也不改其乐,贤哉回也。"这几句话,是多么高尚呀!诸位能在《论语》这一部书上,下一番功夫去研究,自然可以得着许多的好处。讲到为什么读书,可以增进职业上的智识,及增进工作的效能;社会上的事,真是无奇不有,我们如果常常读书,那末有许多事情,我们所不晓得的,书本上可以明白指导我们,应该怎样去做,还有我们在工作后休息时,觉得精神很疲倦,身体很辛苦,但要用什么方法来安慰我们,使得精神不疲呢?唯一的方法,就是看书,看有益的书。我有一次,同蔡元培老先生,到邓尉去看梅花,时在严冬,很冷的天气,留恋了许久时光。蔡先生年纪虽然是五六十岁的老先生,但他的精神,是一点不倦的,我就问蔡先生:为什么你的精神有这样好,一点儿不觉得疲倦?蔡先生就应道:"我是由修养上得来的,对于烦恼的事务,一概摒除,并且时常阅览美术书画,及金石等。"蔡先生的精神有这样好,我想的确是由修养得来的,讲到这里,如果要问应该去读哪一种书呢?像我们中国的书,经、史、子、集,真是"汗牛充栋"的了。据我想起来,只要适合我们的需求,从本人所欢喜读哪一种,就读哪一种,我们的读书,是为读书而读书,所以书本不在于多,而在于熟。我们如果读到一段很有价值的话,读后恐脑筋忘记,就应该用笔把它抄出来,暇时依旧可以再读,这也是读书的一个方法。此外关于读书方法,有四个最要紧的:

(一)深入 我们看一部书,应该很深刻很细心地去研究书的内容,然后自然而然会有心得,好像嚼橄榄一样,嚼到后来,越嚼越有味的样子,所以第一要深入。

(二)怀疑 我们看书一定要用怀疑态度去看,从前明朝有一位学者,名崔述,他年少读书时,有一天读到《千字文》上"天地元黄"一句[①]就问他的先生说,为什么天是元色的,地是黄色的。他的先生就答应不出话来了。又有一次,读朱子所解注的四书,就问先生说,孔夫子是什么时代的人?先生就说是春秋时候的人,又问朱子是什么时代人,答应说是宋朝人。他就再问先

[①] 《千字文》起首四字"天地玄黄"或"天地元黄",不同版本中皆有使用。——编者注

生道,既然孔子是春秋时的人朱子是宋朝人,两人相隔有一千多年,那末朱子怎么样可以知道孔子的事呢?他的先生被他问得无言可答了。他从小读书就有这样怀疑,所以后来也就成为一代有名的学者,为人所尊崇了。所以读书第二要怀疑。

(三)虚心　有许多人,无论是读书或做事,往往看先生是怎样,也跟他怎样,一点没有虚心,《论语》有一段说得很好:"子使漆雕开仕,对曰:'吾斯之未能信。'"孔子叫漆雕开去做官,他很虚心的答应道,我恐怕没有做官的能力啊,孔子还有说:"……有鄙夫问于我,空空如也,……"这就是虚心的,如我们读书能够这样的虚心,就可以得着许多的益处呀。

(四)耐烦　我们无论去做哪件事,总要不畏烦,不畏难,我们一定将我的全力去干。譬如说"登东山而小鲁,登泰山而小天下",这就是起初肯忍耐,到山巅时,才知道"小鲁""小天下"了,所以读书也要这样的耐烦。

除了这四种之外,读书还有四忌:

(一)忌粗疏　我们无论是读书或做事,都应该要细心,切不可以马马虎虎的。

(二)忌空泛　读书是增进我们的智识,所以应当要脚踏实地的去做,不可有空泛的思想存在。

(三)忌盲从　中山先生说:"学古人而不为古所戚。""用古人而不为古所奴。"意思就是说,不要以为从前时代的人所干的,件件都是对的,也有拿到现在来,不适用的。读书应以我为主体,以书为客体,不能以我为客体,书为主体,这就是读书的方法。中山先生一向都是革命,连读书方法,也起革命了,最要紧的,就是对一件事,不要跟人家瞎跑,所以要忌盲从。

（四）忌武断　我们有事情的时候,不要一定指定说是这样的,譬如有一只鹿,如果很武断地指它为马,明明白白是一只鹿,而说是马,这是不对的。我们对于一种问题,应该用科学的方法来研究,这样那末所得的益处很多了,所以要忌武断。

综上言之,我说读书有四要:(一)要深入;(二)要怀疑;(三)要虚心;(四)要耐烦。除了四要之外,读书还有四忌:(一)忌粗疏;(二)忌空泛;(三)忌盲从;(四)忌武断。

以上所讲的,依兄弟读书的心得,贡献与诸位作参考,不过各人的见解有不同,还是要请诸位自己去研究,今天兄弟所讲的,有不对的地方,希望诸位指教。

读书与兴趣

杨卫玉

读书是人人认为重要的工作，但是未必人人肯读，人人能读，更非人人会读。所以能读而不肯读，固然不合，肯读而不会读，也是无用。吾所谓会读，就是要懂得读书的方法，认识读书的意义，无方法无意义的读书，所获的效力很微的。现在一般人的读书，大概都有一种目的，分析起来，有为觉世济民的，有为功名利禄的，有为应用的，有为修养的，有为欣赏的，有为学业的。表面看起来，似乎都有正当充分的理由，一言以蔽之，他们的读书都是"有所为"而读的。吾以为"有所为"而读书，不是真读书，是以读书为工具，为手段而用以达其别种目的。等于学生为毕业证书而求学，著作家为版权而著书，当然也有例外，但是至少一部分人等到目的达到，就把工具搁置了。这样的读书至多在智识方面增加一些资料，去读书之真义很远。真学问者为学问而学问，真读书者也应为读书而读书，也就是"无所为"而读书。凡做事"无所为"而为的，必对于其事有深切之了解，浓厚之兴趣。有"终生以之"的决心，有"不可须臾离也"的情绪，那末可以达到成功之境，并且可以使他生活愉快而富于意义。小孩子为游戏而游戏，虽汗流浃背，还是"乐此不疲"，假使上了学为分数而体操，他的情绪就不是这样了，读书也是如此。假如为了什么而读书，达到目的以后，对于读书的兴趣要渐渐的淡了，达不到目的，也要渐渐的灰心起来了。因此吾以为读书不应该夹杂其他目的，若是问为什么要读书，就答他为读书而读书。话虽如此，要大家明白这道理也不是容易的，所以唤起读书兴趣，是提倡读书最好的方法。

兴趣是人生生活中最重要的条件，所谓"努力""向上""进取""奋斗""勤勉"等等的美德，都需要兴趣做基础。据心理学家言，兴趣是一种情感作用，人们从事一种工作，虽耗精力而能感觉快乐与安慰，愿为而不怨为，这就叫作对于这件工作有兴趣。古人所谓"读书最乐"，又有所谓"书中自有黄金屋""书中自有颜似玉"等，都是形容读书的乐趣，假如没有培养读书的兴趣，就领会不到这样的乐处，这是浅而易见的事实。有人说人们从事一种工作，怎样才可以发生兴趣是勉强不来的，假如某种工作和他个性不适合，或是不合需要，结果必不能发生兴趣。读书固然人人需要，但是不指示读书之目的，他不感觉需要。怎样可以引起他读书的兴趣呢？此说当然也有一部分理由，但绝不是绝对的。假使人们的兴趣，果然完全是天赋而非环境或其他方法所能转移的，我们对于教育的功能，就要发生很大的疑问，至少可以说教育的功能是有限度的。大概教育学者不会承认吧！所以我们可以深信兴趣固然由于天赋，而环境和教育的力量也非常之大，可以转移，只要转移的方向和他天赋的个性不至太相悬殊罢了。从几千年人类遗传的历史看起来，读书应该人人知道需要，人人具此天性，所缺少的未必人人对于读书有兴趣，吾们应该以教育的力量造成读书的环境,使人人不但不以读书为苦,而以为乐;不以读书为工具手段,而以为生活需要,那末读书之风自盛,而读书之效用亦在其中了。

读 书 实 验

李公朴

　　这是我十一月五日在尚文路江苏省立实验小学的讲演词，由童常君笔记下来，经我增删过的。

　　诸位天天到学校里来，一定知道是来求读书，是来求知识的。但是怎样求得的呢？有了知识应怎样运用呢？求知识的目的是什么呢？这些问题在诸位脑子里是很少想到的吧。

　　知识是怎样求得的呢？单靠书本吗？绝不是的。贵校名为实验小学，我们从这个名字可以看出求知识单靠书本是不行的，应当把实验与读书结合起来，才能求得知识。我今天就是拿"实验的读书"作为题目和大家讨论。

　　有了知识怎样运用呢？学校的生活是社会生活的一部分，是诸位将来在社会上做人、做事和改造社会的准备时期。所以在学校里读书的时候，就应当从这三方面去实验，在这实验中，可以知道所求的知识是否正确，又可以从实验中获得更新的知识。要把自己锻炼成一个有道德有能力而且能担起改造社会的责任的人，这样的读书才能算是实验的读书。这才是读书的真目的。现在分三方面来说说吧。

一、做人与读书　人和其他动物不同的地方,就是因为人能够自己知道求做人的方法。其他动物是完全没有这种智能的。譬如马经过人的训练能拉车,牛经过训练能耕田,但马和牛没有人去驾驶是不会自己自动去拉车、去耕田的。人就不同了。当先生在讲台上教你们功课,你们不仅可以听、可以讲,也可以和先生讨论;图画教员教你们画画,你学会了,只要自己努力,甚至可以比教员画得好些。所以做人不是和牛马一样,只是顺应环境、屈服环境,人是能够自动的积极的去认识环境、改造环境。诸位在读书的时候,就应当从认识环境和改造环境两方面实验起来。在社会上可以做一个明了时代和改造社会的人。从来有许多人总认为物理化学的知识才可以实验,做人的学问不能实验。这是完全错误的。

二、做事与读书　有许多人以为读书很多就是有学问,就能做事,其实这是不尽然的。所谓学问必须是能知能行,而且是正确的知,正确的行,才能算是真学问。能知不能行的人,固然是与蛀书虫没有什么区别,所以所行都是不正确的,那于人、于事、于社会都是没有裨益的。要想达到正确的知,正确的行,就应当把求得的知识在日常生活中实验起来。譬如化学上讲氢二氧 H_2O 化合可以变成水,这个知识在实验室中可以证明的。我们知道水是可以用人工构造出来的,那么做事的时候绝不会做出什么"张天师设坛求雨"和"喇嘛念经求雨"的迷信的行为,而明白人类可以用科学底方法来抵抗天灾了。所以一个人读书如果不能在做事上实验起来,纵然能称"学富五车"或"十载寒窗",也只能博得一个"书生"的名气,做起事来,还是一个糊涂虫。

三、求进步与读书　我们生存在社会中,做人做事是要常常遇着种种障碍和困难来阻止我们、摧残我们。当我们遇着这些困难的时候,我们怎样才能扫除各种困难达到做人做事成功的目的呢?我觉得一方面要有知识,多一分知识就多一分解决困难的能力。同时要有求进步的决心,只有人类这种决心才能把历史和社会推向前进。怎样才是求进步的决心呢?第一,要有不怕失败的精神。譬如初学骑脚踏车的时候,要想学会它一定有跌破皮、跌破衣的痛苦,才能把脚踏车学会。假若在未学之先,就害怕这些痛苦和失败,那一定是学不会的。孙中山先生革命事业的成功,是经过了十一次失败和牺牲,才达到推翻君主专制的满清、建设民主共和国家的目的。总之,无论做人做事,若有了怕失败怕困难的观念,一定是不会成功,也一定是没有进步的。第二,要有创造的精神。中国人是很缺乏这种精神的,不但缺乏这种知识,而且常要压制这种精神。诸位小朋友在家里的时候,你的父母是不是常常不问你高兴不高兴或你的行动对不对,他总是不准你做这样、不准你做那样的。在社会上也可以看见禁止这样、禁止那样,所以十几年来把中国弄得死气沉沉没有一点进步的现象,这都是由于一般青年没有了创造的精神。要知道宇宙间的现象和社会间的事理,是要我们随时随地去创造、去发现,才能改造社会,社会才有进步。苏联的共产主义无论好坏,但是他们有计划的集团的生产使其国内建设的成功,外交上的成功,这是谁也不能否认的。总之,我们应当取人的长处,不要学人的短处,要创造一个适合中国社会的方法,把中国民族的危亡挽救过来。我们要使中国进步,不能永久停滞在次殖民地的状态中。诸位在读书的时候,就要有不怕吃苦和创造的精神,养成求进步和改造社会的能力。

现在我的话已经说完了，总括的说一句，实验的读书就是把读书与做人、做事和求进步三件事结合起来，才是真正的读书，才能求得真正的知识。

论书生的酸气

朱自清

读书人又称书生。这固然是个可以骄傲的名字,如说"一介书生""书生本色",都含有清高的意味。但是正因为清高,和现实脱了节,所以书生也是嘲讽的对象。人们常说"书呆子""迂夫子""腐儒""学究"等,都是嘲讽书生的。"呆"是不明利害,"迂"是绕大弯儿,"腐"是顽固守旧,"学究"是指一孔之见。总之,都是知古不知今,知书不知人,食而不化的读死书或死读书,所以在现实生活里老是吃亏、误事、闹笑话。总之,书生的被嘲笑是在他们对于书的过分的执着上;过分的执着书,书就成了话柄了。

但是还有"寒酸"一个话语,也是形容书生的。"寒"是"寒素",对"膏粱"而言,是魏晋南北朝分别门第的用语。"寒门"或"寒人"并不限于书生,武人也在里头;"寒士"才指书生。这"寒"指生活情形,指家世出身,并不关涉到书;单这个字也不含嘲讽的意味。加上"酸"字成为连语,就不同了,好像一副可怜相活现在眼前似的。"寒酸"似乎原作"酸寒"。韩愈《荐士》诗,"酸寒溧阳尉",指的是孟郊;后来说"郊寒岛瘦",孟郊和贾岛都是失意的人，作的也是失意诗。"寒"和"瘦"映衬起来，够可怜相的，但是韩愈说"酸寒"，似乎"酸"比"寒"重。可怜别人说"酸寒"，可怜自己也说"酸寒"，所以苏轼有"故人留饮慰酸寒"的诗句。陆游有"书生老瘦转酸寒"的诗句。"老瘦"固然可怜相，感激"故人留饮"也不免有点儿。范成大说"酸"是"书生气味"，但是他要"洗尽书生气味酸"，那大概是所谓"大丈夫不受人怜"罢？

为什么"酸"是"书生气味"呢？怎么样才是"酸"呢？话柄似乎还是在书上。我想这个"酸"原是指读书的声调说的。晋以来的清谈很注重说话的声调和读书的声调。说话注重音调和辞气，以朗畅为好。读书注重声调，从《世说新语·文学篇》所记殷仲堪的话可见；他说，"三日不读《道德经》，便觉舌本闲强"，说到舌头，可见注重发音，注重发音也就是注重声调。《任诞篇》又记王孝伯说："名士不必须奇才，但使常得无事，痛饮酒，熟读《离骚》，便可称名士。"这"熟读《离骚》"该也是高声朗诵，更可见当时风气。《豪爽篇》记"王司州（胡之）在谢公（安）坐，咏《离骚》《九歌》'入不言兮出不辞，乘回风兮载云旗'，语人云，'当尔时，觉一坐无人。'"正是这种名士气的好例。读古人的书注重声调，读自己的诗自然更注重声调。《文学篇》记着袁宏的故事：

> 袁虎（宏小名虎）少贫，尝为人佣载运租。谢镇西经船行，其夜清风朗月，闻江渚间估客船上有咏诗声，甚有情致，所诵五言，又其所未尝闻，叹美不能已。即遣委曲讯问，乃是袁自咏其所作咏史诗。因此相要，大相赏得。

从此袁宏名誉大盛，可见朗诵关系之大。此外《世说新语》里记着"吟啸""啸咏""讽咏""讽诵"的还很多，大概也都是在朗诵古人的或自己的作品罢。

这里最可注意的是所谓"洛下书生咏"或简称"洛生咏"。《晋书·谢安传》说：

> 安本能为洛下书生咏。有鼻疾，故其音浊。名流爱其咏而弗能及，或手掩鼻以效之。

《世说新语·轻诋篇》却记着：

> 人问顾长康，"何以不作洛生咏？"答曰，"何至作老婢声！"

刘孝标注，"洛下书生咏音重浊，故云'老婢声'。"所谓"重浊"，似乎就是过分悲凉的意思。当时诵读的声调似乎以悲凉为主。王孝伯说"熟读《离骚》，便可称名士"，王胡之在谢安坐上咏的也是《离骚》《九歌》，都是《楚辞》。当时诵读《楚辞》，大概还知道用楚声楚调，乐府曲调里也正有楚调，而楚声楚调向来是以悲凉为主。当时的诵读大概受到和尚的梵诵或梵唱的影响很大，梵诵或梵唱主要的是长吟了，就是所谓"咏"。《楚辞》本多长句，楚声楚调配合那长吟的梵调，相得益彰，更可以"咏"出悲凉的"情致"来。袁宏的咏史诗现存两首，第一首开始就是"周昌梗概臣"一句，"梗概"就是"慷慨""感慨"；"慷慨悲歌"也是一种"书生本色"。沈约《宋书》谢灵运传论所举的五言诗名句，钟嵘《诗句·序》里所举的五言诗名句和名篇，差不多都是些"慷慨悲歌"。《晋书》里还有一个故事。晋朝曹摅的《感旧》诗有"富贵他人合，贫贱亲戚离"两句。后来殷浩被废为老百姓，送他的心爱的外甥回朝,朗诵这两句,引起了身世之感,不觉泪下。这是悲凉的朗诵的确例。但是自己若是并无真实的悲哀,只去学时髦,捏着鼻子学那悲哀的"老婢声"的"洛生咏",那就过了分,那也就是赵宋以来所谓"酸"了。

唐朝韩愈有《八月十五夜赠张功曹》诗,开头是:

纤云四卷天无河,
清风吹空月舒波。
沙平水息声影绝,
一杯相属君当歌。

接着说:

君歌声酸辞且苦,
不能听终泪如雨。

接着就是那"酸"而"苦"的歌辞:

洞庭连天九疑高,
蛟龙出没猩鼯号。
十生九死到官所,
幽居默默如藏逃。
下床畏蛇食畏药,
海气湿蛰熏腥臊。
昨者州前槌大鼓,
嗣皇继圣登夔皋。
赦书一日行万里,
罪从大辟皆除死。

> 迁者追回流者还,
> 涤瑕荡垢朝清班。
> 州家申名使家抑,
> 坎坷只得移荆蛮。
> 判司卑官不堪说,
> 未免捶楚尘埃间。
> 同时辈流多上道,
> 天路幽险难追攀!

张功曹是张署,和韩愈同被贬到边远的南方,顺宗即位,只奉命调到近一些的江陵做个小官儿,还不得回到长安去,因此有了这一番冤苦的话。这是张署的话,也是韩愈的话。但是诗里却接着说:

> 君歌且休听我歌,
> 我歌今与君殊科。

韩愈自己的歌只有三句:

> 一年明月今宵多,
> 人生由命非由他,
> 有酒不饮奈明何!

他说认命算了,还是喝酒赏月罢。这种达观其实只是苦情的伪装而已。前一段"歌"虽然辞苦声酸,倒是货真价实,并无过分之处。由那"声酸"知道吟诗的确有一种悲凉的声调,而所谓"歌"其实只是讽咏。大概汉朝以来不像春秋时代一样,士大夫已经不会唱歌,他们大多数是书生出身,就用讽咏或吟诵来代替唱歌。他们——尤其是失意的书生——的苦情就发泄在这种吟诵或朗诵里。

战国以来，唱歌似乎就以悲哀为主，这反映着动乱的时代。《列子·汤问》篇记秦青"抚节悲歌，声振林木，响遏行云"，又引秦青的话，说韩娥在齐国雍门地方"曼声哀哭，一里老幼悲愁垂涕相对，三日不食"，后来又"曼声长歌，一里老幼，善跃抃舞，弗能自禁"。这里说韩娥虽然能唱悲哀的歌，也能唱快乐的歌，但是和秦青自己独擅悲歌的故事合看，就知道还是悲歌为主。再加上齐国杞梁殖的妻子哭倒了城的故事，就是现在还在流行的孟姜女哭倒长城的故事，悲歌更为动人，是显然的。书生吟诵，声酸辞苦，正和悲歌一脉相传。但是声酸必须辞苦，辞苦又必须情苦；苦是并无苦情，只有苦辞，甚至连苦辞也没有，只有那供人酸鼻的声调，那就过了分，不但不能动人，反要遭人嘲弄了。书生往往自命不凡，得意的自然有，却只是少数，失意的可太多了。所以总是叹老嗟卑，长歌当哭，哭丧着脸一副可怜相。朱子在《楚辞辩证》里说汉人那些模仿的作品"诗意平缓，意不深切，如无所疾痛而强为呻吟者"。"无所疾痛而强为呻吟"就是所谓"无病呻吟"。后来的叹老嗟卑也正是无病呻吟。有病呻吟是紧张的，可以得人同情，甚至叫人酸鼻；无病呻吟，病是装的，假的，呻吟也是装的，假的，假装可以酸鼻的呻吟，酸而不苦像是丑角扮戏，自然只能逗人笑了。

苏东坡有《赠诗僧道通》的诗：

　　雄豪而妙苦而腴，
　　只有琴聪与蜜殊。
　　语带烟霞从古少，

>   气含蔬笋到公无。
>
> ……

查慎行注引叶梦得《石林诗话》说：

>   近世僧学诗者极多，皆无超然自得之趣，往往掇拾摹仿士大夫所残弃，又自作一种体，格律尤俗，谓之"酸馅气"。子瞻……尝语人云，"颇解'蔬笋'语否？为无'酸馅气'也。"闻者无不失笑。

东坡说道通的诗没有"蔬笋"气，也就没有"酸馅气"，和尚修苦行，吃素，没有油水，可能比书生更"寒"更"瘦"；一味反映这种生活的诗，好像酸了的菜馒头的馅儿，干酸，吃不得，闻也闻不得，东坡好像是说，苦不妨苦，只要"苦而腴"，有点儿油水，就不至于那么扑鼻酸了。这酸气的"酸"还是从"声酸"来的。而所谓"书生气味酸"该就是指的这种"酸馅气"。和尚虽苦，出家人原可"超然自得"，却要学吟诗，就染上书生的酸气了。书生失意的固然多，可是叹老嗟卑的未必真的穷苦到他们嗟叹的那地步；倒是"常得无事"，就是"有闲"，有闲就无聊，无聊就作成他们的"无病呻吟"了。宋初西昆体的领袖杨亿讥笑杜甫是"村夫子"，大概就是嫌他叹老嗟卑的太多。但是杜甫"窃比稷与契"，嗟叹的其实是天下之大，决不止于自己的鸡虫得失。杨亿是个得意的人，未免忘其所以，才说出这样不公道的话。可是像陈师道的诗，叹老嗟卑，吟来吟去，只关一己，的确叫人腻味。这就落了套了，落了套子就不免有些"无病呻吟"，也就是有些"酸"了。

   道学的兴起表示书生的地位加高，责任加重，他们更其自命不凡了，自嗟自叹也更多了。就是眼光如豆的真正的"村夫子"

或"三家村学究",也要哼哼唧唧的在人面前卖弄那背得的几句死书,来嗟叹一切,好搭起自己的读书人的空架子。鲁迅先生笔下的"孔乙己",似乎是个更破落的读书人,然而"他对人说话,总是满口之乎者也,教人半懂不懂的"。人家说他偷书,他却争辩着,"窃书不能算偷……窃书!……读书人的事,能算偷么?""接连便是难懂的话,什么'君子固穷',什么'者乎'之类,引得众人都哄笑起来"。孩子们看着他的茴香豆的碟子。

>孔乙己着了慌,伸开五指将碟子罩住,弯下腰去说道,"不多了,我已经不多了。"直起身又看一看豆,自己摇头说,"不多不多!'多乎哉?不多也。'"于是这一群孩子都在笑声里走散了。

破落到这个地步,却还只能"满口之乎者也",和现实的人民隔得老远的,"酸"到这地步真是可笑又可怜了。"书生本色"虽然有时是可敬的,然而他的酸气总是可笑又可怜的。最足以表现这种酸气的典型,似乎是戏台上的文小生,尤其是昆曲里的文小生,那哼哼唧唧、扭扭捏捏、摇摇摆摆的调调儿,真够"酸"的!这种典型自然不免夸张些,可是许差不离儿罢。

向来说"寒酸""穷酸",似乎酸气老聚在失意的书生身上。得意之后,见多识广,加上"一行作吏,此事便废",那时就会不再执着在书上,至少不至于过分的执着在书上,那"酸气味"是可以多多少少"洗"掉的。而失意的书生也并非都有酸气。他们可以看得开些,所谓达观,但是达观也不易,往往只是伪装。他们可以看远大些,"梗概而多气"是雄风豪气,不是酸气。至于近代的知识分子,让时代逼得不能读死书或死读书,因此也就不再执着那些古书。文言渐渐改了白话,吟诵用不上了;代替吟诵的是又分又合的朗诵和唱歌。最重要的是他们看清楚了自己,自己是在人民之中,不能再自命不凡了。他们虽然还有些闲,可是要"常得无事"却也不易。他们渐渐丢了那空架子,脚踏实地向前走去。早些时还不免带着感伤的气氛,自爱自怜,一把眼泪一把鼻涕的;这也算是酸气,虽然念诵的不是古书而是洋书。可是这几年时代逼得更紧了,大家只得抹干了鼻涕眼泪走上前去。这才真是"洗尽书生气味酸了"。

买　书

朱自清

买书也是我的嗜好,和抽烟一样。但这两件事我其实都不在行,尤其是买书。在北平这地方,像我那样买,像我买的那些书,说出来真寒碜死人;不过本文所要说的既非诀窍,也算不得经验,只是些小小的故事,想来也无妨的。

在家乡中学时候,家里每月给零用一元。大部分都报效了一家广益书局,取回些杂志及新书。那老板姓张,有点儿抽肩膀,老是捧着水烟袋;可是人好,我们不觉得他有市侩气。他肯给我们这班孩子记账。每到节下,我总欠他一元多钱。他催得并不怎么紧;向家里商量商量,先还个一元也就成了。那时候最爱读的一本《佛学易解》(贾丰臻著,中华书局印行)就是从张手里买的。那时候不买旧书,因为家里有。只有一回,不知哪儿捡来《文心雕龙》的名字,急着想看,便去旧书铺访求:有一家拿出一部广州套板的,要一元钱,买不起;后来另买到一部,书品也还好,纸墨差些,却只花了小洋三角。这部书还在,两三年前给换上了磁青纸的皮儿,却显得配不上。

到北平来上学入了哲学系,还是喜欢找佛学书看。那时候佛经流通处在西城卧佛寺街鹫峰寺。在街口下了车,一直走,快到城根儿了,才看见那个寺。那是个阴沉沉的秋天下午,街上只有我一个人。到寺里买了《因明入正理论疏》《百法明门论疏》《翻译名义集》等。这股傻劲儿回味起来颇有意思;正像那回从天坛出来,挨着城根,独自个儿,探险似的穿过许多没人走的碱地去访陶然亭一样。在毕业的那年,到琉璃厂华洋书庄去,看见新版韦伯斯特大字典,定价才十四元。可是十四元并不容易找。想来想去,只好硬了心肠将结婚时候父亲给做的一件紫毛(猫皮)水獭领大氅亲手拿着,走到后门一家当铺里去,说当十四元钱。柜上人似乎没有什么留难就答应了。这件大氅是布面子,土式样,领子小而毛杂——原是用了两副"马碲袖"拼凑起来的。父亲给做这件衣服,可很费了点张罗。拿去当的时候,也踌躇了一下,却终于舍不得那本字典。想着将来准赎出来就是了。想不到竟不能赎出来,这是直到现在翻那本字典时常引为遗憾的。

重来北平之后,有一年忽然想搜集一些杜诗。一家小书铺叫文雅堂的给找了不少,都不算贵;那伙计是个麻子,一脸笑,是铺子里少掌柜的。铺子靠他父亲支持,并没有什么好书;去年他父亲死了,他本人不大内行,让伙计吃了,现在长远不来了,也不知怎么样。说起杜诗,有一回,一家书铺送来高丽本《杜律分韵》,两本书,索价三百元。书极不相干而索价如此之高,荒谬之至,况且书面上原购者明明写着"以银二两得之"。第二天另一家送来一样的书,只要二元钱,我立刻买下。北平的书价,离奇有如此者。

旧历正月里厂甸的书摊值得看;有些人天天巡礼去。我住的远,每年只去一个下午——上午摊儿少。土地祠内外人山人海摩肩接踵地来往。也买过些零碎东西;其中有一本是《伦敦竹枝词》,花了三毛钱。买来以后,恰好《论语》要稿子,便选抄了些寄去,加上一点说明,居然得着五元稿费。这是仅有的一次,买的书赚了钱。

在伦敦的时候,从寓所出来,走过近旁小街。有一家小书店门口摆着一架旧书。上前去徘徊了一下,看见一本《牛津书话选》(The Book-lover's Anthology),烫花布面,装订不马虎,四百多面,本子也不小,准有七八成新,才一先令六便士,那时合中国一元三毛钱,比东安市场旧洋书还贱些。这选本节录许多名家诗文,说到书的各方面的;性质有点像叶德辉氏《书林清话》,但不像《清话》有系统;他们旨趣原是两样的。因为买这本书,结识了那掌柜的,他后来给我找了不少便宜的旧书。有一种书,他找不到旧的,便和我说,他们批购新书按七五扣,他愿意少赚一扣,按九扣卖给我。我没有要他这么办,但是很感谢他的好意。

作文与读书

章衣萍

作文与读书有什么关系呢?

杜甫的诗说:"读书破万卷,下笔如有神。"俗语也说:"熟读唐诗三百首,不会吟诗也会吟。"中国人的作文做诗,大多数抱着一个老法子,叫作"多读书"。

多读书是不是对于作文有帮助呢?

就是照现在我们的眼光看来,当然也是有的。

我们要我们的文章没有用字上的错误,我们便应该研究文字学。我们要我们的文章没有造句上的错误,我们便应该研究文法学。我们要我们的文章没有思想上的错误,我们便应该研究论理学。我们要我们的文章做得美,我们便应该研究修辞学。

其余如经济学,如心理学、社会学、动植物学等,皆和文学直接或间接有关系。

所以我们要文章做得好,不可不用功读各方面的书。

上面的话,也许中学生诸君看了未免要大吃一惊,说:"要研究那些科学才来作文,作文一事,岂不太难么?"

我说:"不是的。我的话是就广义说。我说的是那些科学常识都和作文有关系,却不是要人把各种科学全弄好了才去作文。"

从前有个卖臭虫药的,说是他的药如何灵,人家买来回家一看,原来包内是"勤捉"二字。要臭虫断根只有"勤捉",要文章做得好只有"勤做"。

学绘画的人只懂得一些光学、透视学、色彩学的原理,不肯用笔去画,是不行的。作文也是一样。只懂得一些文法,修辞的原理,不肯用笔去做,终究做不出好文章。作文正同蜘蛛抽丝一样,要抽才有,不抽永远没有。

读书供给作文只有两方面的用处:一方面是思想方面,我们从书中懂得世间各方面的真理,人生各样的真相。一方面是技巧方面,我们可从古今各大家的文章上学得他的词句的美丽和风格的清高。

但是,世界上的书籍很多,青年人读书究竟从何读起呢?

这的确是一个问题。这不但在青年们成为问题,在老年人也成为问题。正如从前北京教育部有个司长,很有钱,吃得很胖,而且也很肯买书的。但是他常常叹着气说:"不得了!不得了!书太多了,不知道读哪一本好。"世界上这样叹气的人很多,有老年,也有青年。英国的文学家培兰德(Arnold Bennett)曾说过笑话,以为问读书要从何读起,正同狗咬骨头、要从何咬起一样奇怪。培兰德的意思,是主张趣味的读书法的。

趣味的读书法是很重要的。现在中学学生国文程度不佳,很大的原因,是不准学生去看有趣味的书。我从前在徽州一个师范学校读书,那学校的校长胡子承先生,是个很顽固的人,不许学生看小说(看小说是要记过或开除),甚至于《新青年》也禁止学生看。但我自己的白话文却是从小说中学来的,因为我们徽州的土话,离白话文很远。现在,像胡子承那样禁止白话文的人是很少(我不敢说没有)了。但许多教员多抱定几册商务、中华的国文教本,教的大概是十年以来《新青年》以后一般作家的作品。老实说,这十年以来的新文学,大概都是些"急就章",真正有价值的作品很少。我们应该鼓励爱好文学的学生多看他们所喜欢看的书,正如周作人先生所说:"小说、曲、诗词、文,各种;新的、古的,文言、白话,本国、外国,各种;还有一层:好的、坏的,各种;都不可以不看,不然便不能知道文学与人生的全体,不能磨练出一种精纯的趣味来。自然,这不要成为乱读,须得有人给他做指导顾问,其次要别方面的学问知识比例地增进,逐渐养成一个健全的人生观。"(《我学国文的经验》,《谈虎集》下卷)

  周先生的后面几句话也很重要的。要有"指导顾问",可以说是有系统的读书法。系统的读书法也是重要的。培根(Bacon)曾说:看书同吃东西一样,有的随便尝尝就够了,有的应该吞咽下去的,有的应该咀嚼消化的。没有系统的读书,正同随便吃东西一样,一定要弄成胃扩张,不消化的。有系统的读书,可分两面说:一面是我们如要懂得一些文学原理,就应该看些什么本间久雄的《文学概论》,厨川白村的《苦闷的象征》,或卢那却尔斯基的《文艺与批评》之类。如要研究自然主义的作家,则不可不读弗罗贝、佐拉、莫泊三的作品。这叫做专门的读法。一面是应该知道世界上真正有价值的著作并不多,我们应该选最好的书来读。如法国诗人波得莱尔(Baudelaire)爱好爱伦·波(Edgar Allan Poe)的著作,翻译了许多爱伦·波的诗,所以他自己的诗也受了爱伦·波的影响。又如歌德的《浮士德》

(Faust)的有名,是大家知道的。但如曾孟朴先生所说,他"不隐居乡间,译了《狐史》,哪来浮士德的成功"。又如法人伏尔泰(Voltaire)作文,常常先把马西隆(Massillon)的书拿来读,弥尔顿(Milton)一生也只爱荷马(Homer)与Euripides的著作。这就是"咀嚼消化"的读书法,使自己受了书的影响,使书的灵魂成为自己的骨肉的。这叫作精选的读法。

"别的方面的学问知识"也很重要的。我在前一讲曾说学科学的人不应该为文学多耽误工夫。学科学的人鉴赏或尝试一些文学趣味是可以的。但如目下中学生之不喜欢数理等科,以及国内出版界自然科学书籍的不畅销,关于高级自然科学的书,竟致没有书店肯印,实在是可虑的事情。学科学的学生应该专注精力于科学,是不用多说了。就是学文学的学生,也不可不有普通的科学常识。夏丏尊先生在他的《文章作法》附录上曾说:

> 无论如何地设法,学生底国文成绩,总不见有显著的进步。因了语法作文法等底帮助,学生文字在结构上形式上,虽已大概勉强通得过去,但内容总仍是简单空虚。这原是历来中学程度学生界底普通的现象,不但现在如此。

> 为补救这简单空虚计,一般都奖励课外读书,或是在读法上多选内容充实的材料,我也曾如此行着。但结果往往使学生徒增加了若干一知半解的知识,思想愈无头绪,文字反益玄虚。我所见到的现象如此,恐怕一般的现象也难免如此罢。(《我在国文科教授上最近的一信念》)

夏先生的结论是"传染语感于学生",教员"自己努力修养,对于文字,在知的方面,情的方面,各具有强烈锐敏的语感,使学生传染了,也感得相当的印象,为理解一切文字底基础"。但是我以为这也不是根本办法。要学生的思想不空虚,根本的办法只有学一些根本的科学常识。郭沫若曾说诗人不可不懂得天文学,实在是有见识的话。我以为学文科的高中学生,也不可不有下列的科学常识:

(一)应该多看一些社会科学的书,懂得一些唯物史观、经济史观、人类学等常识。

(二)应该多看一些论理学、心理学的书籍,懂得一些思想法则、心理现象。

(三)应该多看一些自然科学的书,如生物学、物理学、天文学,懂得一些天、地、人、物的历史和现状。

这是根本办法,可以医"思想无头绪""文字玄虚"的大病的(周作人先生曾对青年进过这样忠告,请参看《谈虎集》下卷,《妇女运动与常识》。我的意思完全与周先生相同,略以鄙见补充一点,因周先生对于论理、心理等科未说明)。普通文科学生总带些自命文豪的气味,对于一切科学都看不起。其实,懂得一些科学常识是做人的基础,做人比做文豪要紧得多。做一两句白话诗,做几篇短篇小说,实在算不了什么大事,挂不起文豪招牌哪!

读书对于作文的重要,上面大略说过了。但中国青年学生还有一件最重要的事情,是养成善于怀疑、独立思想的精神。

叔本华(Schopenhauer)说得好:

> 写在纸上的思想,不过是印在沙上的行路人的足迹,人们虽然可以因他而明知道前人所取之道路,但行路人为行路和观望前面什么风景起见,是必须使用他自己的眼睛的。

所以书上记载的"真理"和"人生"究竟多是纸上的。叔本华是主张思想,反对读书的,他曾说过很妙的话:思想是自己跑马,读书是让旁人在我们的脑里跑马。他的话自然有点偏激。但是中国是一个泥古的民族。所以"王安石创经义试士之制,行之千年;武后行弓刀步石武科之制,行之千年;萧何行漕运之制,行之二千年"(康有为弟子徐勤的话)。女人缠足,"或谓始于李后主,宋人只有程颐一家不缠足",缠足也缠了千年。无论什么笨事傻事,都行之千年而没有人敢怀疑,没有人敢改革。这真是世界鲜有的奇谈。有人说中国人的头脑是一枚明镜,映进红的就是红的,映进白的就是白的,一点变化也没有。这是可以亡国灭种的头脑!

我们现在最要紧的是使学生们在作文中养成独立思想的习惯。程颐说:"学原于思。"胡适说:"学原于思,思起于疑。"胡适又说:"我们读古人的书,一方面要知道古人聪明到怎样,一方面也要知道古人傻到怎样。"这都是我们很好的教训。我们要学生宁失之过疑,不要失之过信。

真理是有时代性的,人生是变迁无穷的。一切古今人的书籍都是我们的参考品、我们的顾问官,我们要敢于疑古,也要敢于疑今。我们要学生能够独立思想,不要"掉书袋"。

培根(Bacon)说得好:"书籍永远不会教给你书籍的用处。"一切书籍都是参考品,思想方面是如此,文章的词句和风格方面也是如此。

法国文学家布封(Buffon)曾说:"文体即人。"韩德(Leigh Hunt)补充布封的话,说:"人即文体。"中国古语也说:"文如其人。"世人没有两个相同的脸孔,树上没有两个相同的果子,山上没有两个相同的石头。一切物体都有个性，文章的词句和风格方面也应该有个性。

从前作古文的人专会模仿"先秦诸子"，模仿"两汉"，模仿"唐宋"。现在古文已经打倒，这些习惯是已经取消了。但是，模仿韩愈、苏东坡固是不对的，模仿梁启超、胡适之难道就对了吗？我们读古今名人的文章，要和蚕吃桑叶一样，吐出丝来。模仿好比蚕吃桑叶吐桑叶。中国的白话文的历史比文言文短得多，所以现在白话文正有待于我们的试验和创造，造成一种丰富优美而清新的词句和文体。我们要使白话文能够写景，写情，写意，写事，运用自如。我们要使白话文能够简洁，也能够繁复；能够明白，也能够深刻。几本古老的《红楼梦》《水浒》，几册简单的《国语教科书》，几页浮浅的新创作小说，绝不够我们学生的欣赏和研究。一切文章有两个伟大的导师：

一是自然，

二是人生。

我们要学生多多观察自然，研究人生，我们要学生从小养成这种习惯。我们不要学生迷信书本，模仿书本。我们要学生不做古人的奴隶，也不做今人的奴隶。

我的苦学经验

丰子恺

我于一九一九年,二十二岁的时候,毕业于杭州的浙江省立第一师范学校。这学校是初级师范。我在故乡的高等小学毕业,考入这学校,在那里肄业五年而毕业。故这学校的程度,相当于现在的中学校,不过是以养成小学教师为目的的。

但我于暑假时在这初级师范毕业后,既不做小学教师,也不升学,却就在同年的秋季,来上海创办专门学校,而做专门科的教师了。这种事情,现在我自己回想想也觉得可笑。但当时自有种种的因缘,使我走到这条路上。因缘者何?因为我是偶然入师范学校的,并不是抱了做小学教师的目的而入师范学校的。(关于我的偶然入师范,现在属于题外,不便详述。异日拟另写一文,以供青年们投考的参考。)故我在校中只是埋头攻学,并不注意于教育。在四年级的时候,我的兴味忽然集中在图画上了。甚至抛弃其他一切课业而专习图画,或托事请假而到西湖上去作风景写生。所以我在校的前几年,学期考试的成绩屡列第一名,而毕业时已降至第二十名。因此毕业之后,当然无意于做小学教师,而希望发挥自己所热衷的图画。但我的家境不许我升学而专修绘画。正在踌躇之际,恰好有同校的高等师范图画手工专修科毕业的吴梦非君,和新从日本研究音乐而归国的旧同学刘质平君,计议在上海创办一个养成图画音乐手工教员的学校,名曰专科师范学校。他们正在招求同人,刘君知道我热衷于图画而又无法升学,就来拉我来帮办。我也不自量力,贸然地答允了他。于是我就做了专科师范的创办人之一,而在这学校中教授西洋画等课了。这当然是很勉强的事。我所有关于绘画的学识,不过在初级师范时偷闲画了几幅木炭石膏模型写生,又在晚上请校内的先生教些日本文,自己向师范学校的藏书楼中借得一部日本明治年间出版的正则《洋画讲义》,从其中窥得一些陈腐的绘画知识而已。我犹记得,这时候我因为自己只有一点对于石膏模型写生的兴味,故竭力主张"忠实写生"的画法,以为绘画以忠实模写自然为第一要义。又向学生演说,谓中国画的不忠于写实,为其最大的缺点;自然中含有无穷的美,唯能忠实于自然模写者,方能发见其美;就拿自己在师范学校时放弃了晚间的自修课而私下在图画教室中费了十七小时而描成的 Venus 头像的木炭画揭示学生,以鼓励他们的忠实写生。当一九二〇年的时代,而我在上海的绘画专门学校中厉行这样的画风,现在回想起来真是闭门造车。然而当时的环境,颇能容纳我这种教法。因为当时中国宣传西洋画的机关绝少,上海只有一所美术专门学校,专科师范是第二个兴起者。当时社会上人士,大半尚未知道西洋画为何物,或以为美女月份牌就是西洋画的代表,或以为香烟牌子就是西洋画的代表。所以在世界上看来我虽然是闭门造车,但在中国之内,我这种教法大可卖野人头呢。但野人头终于不能常卖,后来我渐渐觉得自己的教法陈腐而有破绽了。因为上海宣传西洋画的机关日渐多起来,从东西洋留学归国的西洋画家也时有耳闻了。我又在上海的日本书店内购得了几册美术杂志,从中窥知了一些最近西洋画界的消息,以及日本美术界的盛况,觉得从前在《正则洋画讲义》中所得的西洋画知识,实在太陈腐而狭小了。虽然别的绘画学校并不见有比我更新的教法,归国的美术家也并没有什么发表,但我对于自己的信用已渐渐丧失,不敢再在教室中扬眉瞬目而卖野人头了。我懊悔自己冒昧地当了这教师。我在布置静物写生标本的时候,曾为了一只青皮的橘子而起自伤之念,以为我自己犹似一只半生半熟的橘子,现在带着青皮卖掉,给人家当作习画标本了。我想窥见西洋画的全豹,我也想到东西洋去留学,做了美术家而归国。但是我的境遇不许我留学。况且我这时候已经有了妻子,做教师所得的钱,赡养家庭尚且不够,哪里来留学的钱?经过了许久烦恼的日月,终于决定非赴日本不可。我在专科师范中当了一年半的教师,于一九二一年的早春,向我的姊丈周印池君借了四百块钱(这笔钱我才于二三年前还他。我很感谢他第一个惠我的同情),就抛弃了家庭,独自冒险地到东京去了。得去且去,以后的问题以后再说,至少,我用完了这四百块钱而回国,总得看一看东京美术界的状况了。

  但到了东京之后,就有许多关切的亲戚朋友,设法接济我的经济。我的岳父给我约了一个一千元的会,按期寄洋钱给我。专科师范的同人吴、刘二君,亦各以金钱相遗赠。结果我一共得了约二千块钱,在东京维持了足足十个月的用度,到了同年的冬季,金尽而返国。这一去称为留学嫌太短,称为旅行嫌太长,成了三不像的东西。同时我的生活也是三不像的。我在这十个月内,前五个月是上午到洋画研究会中去习画,下午读日本文。后五个月废止了日本文,而每日下午到音乐研究会中去学提琴,晚上又去学英文。然而各科都常常请假,拿请假时间来参观展览会,听音乐会,访图书馆,看 opera,以及游玩名胜,钻旧书店,跑夜摊(Yomise),因为这时候我已觉悟了各种学问的深广,我只有区区十个月的求学时间,绝不济事,不如走马看花,呼吸一些东京艺术界的空气而回国罢。幸而我对于日本文,在国内时已约略懂得一点,会话也早已学得了几声。到东京后,旅舍中唤茶,商店中买物等事,勉强能够对付。我初到东京的时候随了众同国人入东亚预备学校学习日语,嫌其程度太低,教法太慢,读了几个礼拜就辍学,自己异想天开,为了学习日本语的目的,向一个英语学校的初级班报名,每日去听讲两小时。他们是从 A boy, A dog 教起的,所用的英文教本与《开明第一英文读本》程度相同。对于英文我已完全懂得,我的目的是要听这位日本先生怎样地用日本语来解说我所已懂的英文,便在这时候偷取日本语会话的诀窍。这异想天开的办法,果然成功了。我在那英语学校里听了一个月讲,果然于日语会话及听讲上获得了很多的进步,同时看书的能力也进步起来。本来我只能看《正则洋画讲义》一类的刻板的叙述体文字,现在连《不如归》和《金色夜叉》(日本旧时很著名的两部小说)都会读了。我的对于文学的兴味,是从这时候开始的。以后我就为了学习英语的目的而另入一英语学校。我报名入最高的一班,他们教我读伊尔文的 *Sketch Book*。这时候我方才知道英文中有这许多难记的生字(我在师范学校毕业时只读到《天方夜谭》)。兴味一浓,我便嫌先生教得太慢。后来在旧书店里找到了一册 *Sketch Book* 讲义录,内有详细的注解和日译文,我确信这可以自习,便辍了学,每晚伏在东京的旅舍中自修 Sketch Book。我自己限定于几个礼拜之内把此书中所有一切生字抄写在一张图画纸上,把每字剪成一块块的纸牌,放在一只匣子中。每天晚上,像摸数算命一般地向匣子中探摸纸牌,温习生字。不久生字都记诵。Sketch Book 全部都会读,而读起别的英语小说来也很自由了。路上遇见英语学校的同学,询知道他们只教了全书的几分之一,我心中觉得非常得意。从此我对于学问相信用机械的方法而下苦功。知识这样东西,要其能够于应用,分量原是有限的,我们要获得一种知识,可以先定一个范围,立一个预算,每日学习若干,则若干日可以学毕,然后每日切实地实行,非大故不准间断,如同吃饭一样。照我当时的求学的勇气预算起来,要得各种学问都不难:东西洋知名的几册文学大作品,我可以克日读完;德文法文等,我都可以依赖各种自修书而在最短时期内学得读书的能力;提琴教则本(Homahnn)五册,我能每日练习四小时而在一年之内学毕;除了绘画不能硬要造步以外,其余的学问,在我都可以用机械的用功方法来探求其门径。然而这都是梦想,我的正式求学的时间只有十个月,能学得几许的学问呢?我回国之后,回想在东京所得的,只是描了十个月的木炭画,拉完了三本 Homahnn,此外又带了一些读日本文和读英文的能力而回国,回国之后,我为了生活和还债,非操职业不可。没有别的职业可操,只得仍旧做教师。一直做到了今年的秋季。十年来我不断地在各处的学校中做图画音乐或艺术理论的教师。一场重大的伤寒病令我停止了教师的生活。现在蛰居在嘉兴的穷巷老屋中,伴着了药炉茶灶而写这篇稿子。

故我出了中学以后,正式求学的时期只有可怜的十个月。此后都是非正式的求学,即在教课的余暇读几册书而已。但我的绘画音乐的技术,从此日渐荒废了。因为技术不比别的学问,需要种种的设备,又需要每日不断的练习时间。研究绘画须有画室,研究音乐须有乐器,设备不周就无从用功。停止了几天,笔法就生疏,手指就僵硬。做教师的人,居处无定,时间又无定,教课准备又忙碌,虽有利用课余以研究艺术的梦想,但每每不能实行。日久荒废更甚。我的油画箱和提琴,久已高搁在书橱的最高层,其上积着寸多厚的灰尘了。手痒的时候,拿毛笔在废纸上涂抹,偶然成了那种漫画。口痒的时候,在口琴上吹奏简单的旋律,令家里的孩子们和着了唱歌,聊以慰藉我对于音乐的嗜好。世间与我境遇相似而酷嗜艺术的青年们,听了我的自述,恐要寒心罢!

但我幸而还有一种可以自慰的事,这便是读书。我的正式求学的十个月,给了我一些阅读外国文的能力。读书不像研究绘画、音乐地需要设备,也不像研究绘画音乐地需要每日不断的练习。只要有钱买书,空的时候便可阅读。我因此得在十年的非正式求学时期中,读了几册关于绘画、音乐、艺术等的书籍,知道了世间的一些些事。我在教课的时候,常把自己所读过的书译述出来,给学生们作讲义。后来有朋友开书店,我乘机把这些讲义稿子,把它刊印为书籍,不期地走到了译著的一条路上,现在我还是以读书和译著为生活。回顾我的正式求学时代,初级师范的五年只给我一个学业的基础,东京的十个月间的绘画音乐的技术练习已付诸东流。独有非正式求学时代的读书,十年来一直随伴着我,慰藉我的寥寂,扶持我的生活。这真是以前所梦想不到的偶然的结果。我的一生都是偶然的,偶然入师范学校,偶然欢喜绘画音乐,偶然读书,偶然译著,此后正不知还要逢到何种偶然的机缘咧。

读我这篇自述的青年诸君!你们也许以为我的读书生活是幸运而快乐的;其实不然,我的读书是很苦的。你们都是正式求学,正式求学可以堂堂皇皇地读书,这才是幸运而快乐的。但我是非正式求学,我只能伺候教课的余暇而偷偷隐隐地读书。做教师的人,上课的时候当然不能读书,开议会的时候不能读书,监督自修的时候也不能读书,学生课外来问难的时候又不能读书,要预备明天的教授的时候又不能读书。担任了他一小时的助课,便是这学校的先生,便以参加议会,监督自修,解答问难,预备教授的义务,不复为自由的身体,不能随了读书的兴味而读书了。我们读书常被教务所打断,常被教务所分心,绝不能像正式求学的诸君的专一。所以我的读书,不得不用机械的方法而下苦功,我的用功都是硬做的。

我在学校中,每每看见用功的青年们,闲坐在校园里的青草地上,或桃花树下,伴着了蜂蜂蝶蝶、燕燕莺莺,手执一卷而用功,我羡慕他们,真像潇洒的林下之士!又有用功的青年们,拥着棉被,高枕而卧在寝室里的眠床中,手执一卷而用功。我也羡慕他们,真像耽书的大学问家!有时我走近他们去,借问他们所读为何书,原来是英文数学或史地理化,他们是在预备明天的考试,这使我更加要羡煞了。他们能用这样轻快闲适的态度,而研读这类知识学科的书,岂真有所谓"过目不忘"的神力么?要是我读这种书,我非吃苦不可。我须得埋头在案上,行种种机械的方法而用笨功,而硬求记诵。诸君倘要听我的笨话,我愿把我的笨法子——说给你们听。

在我,只有诗歌、小说、文艺,可以闲坐在草上花下或奄卧在眠床中阅读。要我读外国语或知识学科的书,我必须用笨功。请就这两种分述之:

第一,我以为要通一国的国语,须学得三种要素,即构成其国语的材料、方法以及其语言的腔调。材料就是"单语",方法就是"文法",腔调就是"会话"。我要学得这三种要素,都非行机械的方法而用笨功不可。

"单语"是一国语的根柢。任凭你有何等的聪明力,不记单语绝不能读外国文的书。学生们对于学科要求伴着趣味,但谙记生字极少有趣味可伴,只得劳你费点心了。我的笨法子,即如前所述,要读 Sketch Book,先把 Sketch Book 中所有的生字写成纸牌,放在匣中,每天摸出来记诵一遍,记牢了的纸牌放在一边,记不牢的纸牌放在另一边,以便明天再记。每天温习已经记牢的字,勿使忘记。等到全部记诵了,然后读书,那时候便觉得痛快流畅,其趣味颇足以抵偿摸纸牌时的辛苦,我想熟读英文字典,曾统计字典上的字数,预算每天记诵二十个字,若干时日可以记完。但终于未曾实行。倘能假我数年正式求学的日月,我一定已经实行这计划了。因为我曾仔细考虑过要自由阅读一切的英语书籍只有熟读字典是最根本的善法。后来我向日本购买一册《和英根柢一万语》,假定其中一半是我所已知的,则每天记二十个时,不到一年就可记完,但这计划实行之后,终于半途而废,阻碍我的实行的,都是教课。记诵《和英根柢一万语》的计划,现在我还保留在心中,等待实行的机会呢。我的学习日本语,也是用机械的硬记法。在师范学校时就在晚上请校中的先生教日语。后来我买了一厚册的《日语完璧》，把后面所附的分类单语，用前述的方法一一记诵。当时只是硬记，不能应用，且发音也不正确；后来我到了日本，从日本人的口中听到我以前所硬记的单语，实证之后，我脑际的印象便特别强明，不易忘记。这时候的愉快也很可以抵偿我在国内硬记时的辛苦。这种愉快，使我甘心消受硬记的辛苦，又使我始终确信硬记单语是学外国语的最根本的善法。

关于学习"文法"，我也用机械的笨法子。我不读文法教科书，我的机械的方法是"对读"。例如拿一册英文《圣书》和一册中文《圣书》并列在案头，一句一句地对读，积起经验来，便可实际理解英语的构造和各种词句的腔调。《圣书》之外，他种英文名著和名译，我亦常拿来对读。日本有种种英和日对译丛书，左页是英文，右页是日译，下方附以注解。我曾从这种丛书得到不少的便利。文法原是本于论理的，只要论理的观念明白，便不学文法，不分 Noun 与 Verb 亦可以读通英文。但对读的态度当然是要非常认真，须要一句一字地对勘，不解的地方不可轻轻通过，必须明白了全句的组织，然后前进。我相信认真地对读几部名作，其功效足可抵得学校中数年的英文教科。——这也可说是无福享受正式求学的人的自慰的话；能入学校而受先生教导，当然比自修更为幸福。我也知道入学是幸福的，但我真犯贱，嫌它过于幸福了。自己不费钻研而袖手听讲，由先生拖长了时日而慢慢地教去，幸福固然幸福了，但求学心切的人怎能耐烦呢？求学的兴味怎能不被打断呢？学一种外国语要拖长许久的时日，我们的人生有几回可供拖长呢？语言文字，不过是求学问的一种工具，不是学问的本身。学些工具都要拖长许久的时日，此生还来得及研究几许学问呢？拖长了时日而学外国语，真是俗语所谓"扯得被头直，天亮了"。我固然无福消受入校正式求学的幸福，但因了这个理由，我也不愿消受这种幸福，而宁愿独自来用笨功。

关于"会话"，即关于言语的腔调的学习，我又喜用笨法子。学外国语必须通会话。与外国人对晤当然须通会话，但自己读书也非通会话不可。因为不通会话，不能体会语言的腔调。腔调是语言的神情所寄托的地方，不能体会腔调，便不能彻底理解诗歌小说戏剧等文学作品的精神。故学外国语必通会话。能与外国人共处，当然最便于学会话。但我不幸而没有这种机会，我未曾到过西洋，又我是未到东京时先在国内自习会话的。我的学习会话，也用笨法子，其法就是"熟读"。我选定了一册良好而完全的会话书，每日熟读一课，克期读完。熟读的方法更笨，说来也许要惹人笑：我每天自己上一课新书，规定读十遍。计算遍数，用选举开票的方法，每读一遍，用铅笔在书的下端画一笔，使凑成一个字。不过所凑成的不是选举开票用的"正"字，而是一个"讀"字。例如第一天读第一课，读十遍，每读一遍画一笔，便在第一课下面画了一个"言"字旁和一个"士"字头。第二天读第二课，亦读十遍，亦在第二课下面画一个"言"字和一个"士"字，继续又把昨日所读的第一课温习五遍，即在第一课的下面加了一个"四"字。第三天在第三课下画一"言"字和"士"字，继续温习昨日的第二课，在第二课下面加一"四"字，又继续温习前日的第一课，在第一课下面再加了一个"目"字。第四天在第四课下面画一"言"字和一"士"字，继续在第三课下加一"四"字，第二课下加一"目"字，第一课下加一"八"字，到了第四天而第一课下面的"讀"字方始完成。这样下去,每课下面的"讀"字,逐一完成。"讀"字共有二十二笔,故每课共读二十二遍,即生书读十遍,第二天温五遍,第三天又温五遍,第四天再温两遍。故我的旧书中,都有铅笔画成的"讀"字。每课下面有了一个完全的"讀"字,即表示已经读熟了。这办法有些好处:分四天温习,屡次反复,容易读熟。我完全信托这机械的方法,每天像和尚念经一般地笨读。但如法读下去,前面的各课自会逐渐地从我的唇间背诵出来,这在我又感得一种愉快,这愉快也足可抵偿笨读的辛苦,使我始终好笨而不迁。会话熟读的效果,我于英语尚未得到实证的机会,但于日本语我已经实证了。我在国内时只是笨读,虽然发音和语调都不正确,但会话的资料已经完备了。故一听了日本人的说话,就不难就自己所已有的资料而改正其发音和语调,比较到了日本而从头学习起来的,进步快速得多。不但会话,我又常从对读的名著中选择几篇自己所最爱读的短文,把它分为数段,而用前述的笨法子按日熟读。例如Stevenson和夏目漱石的作品,是我所最喜熟读的材料。我的对于外国语的理解,和对于文学作品的理解,都因了这熟读的笨法而增进一些。这益使我始终好笨而不迁了。——以上是我对于外国语的学习法。

　　第二,对于知识学科的书的读法,我也有一种见地:知识学科的读,其目的主在于事实的报告;我们读史地理化等书,亦无非欲知道事实。凡一种事实,必有一个系统。分门别类,原原本本,然后成为一册知识学科的书。读这种书的第一要点,是把握其事实的系统。即读者也须原原本本地谙记其事实的系统,却不可从局部着手。例如研究地理,必须原原本本地探求世界共分几大洲,每大洲有几国,每国有何种山川形胜等。则读毕之后,你的头脑中就摄取了地理的全部学问的梗概,虽然未曾详知各国各地的细情,但地理是什么样一种学问,我们已经知道了。反之,若不从大处着眼,而孜孜从事于局部的记忆,即使你能背诵喜马拉亚山高几尺,尼罗河长几里,也只算一种零星的知识,却不是研究地理。故把握系统,是读知识科学的书籍的第一要点。头脑清楚而记忆力强大的人,凡读一书,能处处注意其系统,而在自己的头脑中分门别类,作成井然的条理,虽未到书中详叙细事的地方,亦能知道这详叙位在全系统中哪一门哪一类哪一条之下,及其在全部中重要程度如何。这仿佛在读者的头脑中画出全书的一览表。我认为这是知识书籍的最良的读法。

但我的头脑没有这样清楚,我的记忆力没有这样强大。我的头脑中地位狭窄,画不起一览表来。倘教我闲坐在草上花下或奄卧在眠床中而读知识学科的书,我读到后面便忘记前面,终于弄得条理不分,心烦意乱,而读书的趣味完全灭杀了。所以我又不得不用笨法子。我可用一本 Note book 来代替我的头脑,Note book 中画出全书的一览表。所以我的读书非常吃苦。我必须准备了 Note book 和笔,埋头在案上阅读。读到纲领的地方,就在 Note book 上列表,读到重要的地方,就在 Note book 上摘要。读到后面,又须时时翻阅前面的摘记,以明此章此节在全体中的位置。读完之后,我便抛开书籍,把 Note book 上的一览表温习数次。再从这一览表中摘要,而在自己的头脑中画出一个极简单的一览表。于是这部书总算读过了。我凡读知识学科的书,必须用 Note book 摘录其内容的一览表。所以十年以来,积了许多的 Note book。经过了几次迁居损失之后,现在我的废书架上还留剩着半尺多高的一堆 Note book 呢。

　　我没有正式求学的福分；我所知道于世间的一些些事，都是从自己读书而得来的；而我的——都须用上述的机械的笨法子。所以看见闲坐在青草地上，桃花树下，伴着了蜂蜂蝶蝶、燕燕莺莺而读英文、数学教科书的青年学生，或拥着棉被，高枕而卧在眠床中读史地理化教科书的青年学生，我羡慕得真要怀疑！

一九三〇，一一，一三，嘉兴

怎样提高读书的速率和效率

童行白

我们为什么要读书呢？在广义的说来，是猎取前人的经验，减少自己的错觉，而达到更完美的生活。在狭义方面说来，则至少须达到了解本国固有文化，发扬民族精神，和能欣赏艺术，调剂生活。

依照上述的目的，则我们应读的书甚多，而我们的时间有限，便不得不讲速率和效率了。在学习心理研究的结果，速率和效率是并行的，现在分别说明如下：

（一）速率（Speed）

读书的形式有二：一是朗读（Oral reading），二是静读（Silent reading）。静读不但没发声，而且不动唇，不动喉，完全以眼为动作，这种读法，速度较朗读为高，如我们急切间，欲在某一篇文里找我们所要的材料，虽急急的读下去，但结果总是不行，还是视觉的反应替我们找着的。这因为每一个字的发音妨害了我们的速率。而在实用上，则静读的机会极多，而朗读的机会甚少，故这里不详论了。现在我们单讨论如何增进静读的速率，要明白这点，就得从眼球的活动说起。

（A）识别距（Span of percaption or Recognition）

这是眼球一转动间所能知的范围,凡识别距广的速率必高,反是则必低,而同一人亦有广狭之别,其原因有三:(甲)阅读的材料深浅不同,材料一深,理解的难度提高,便影响到眼球的转动,识别距的范围便缩小;反之,则必增大。(乙)阅读的目的不同。任意浏览,不求甚解,或不必记忆,则识别距亦自增大。若果探求理解,则眼停次数增多,速度便减低了。(丙)阅读的形式不同,如用朗读,因发音的牵制,亦足缩小识别距。

（B）眼停时间（Duration of fixation）

所谓眼停时间,即眼球转动所费的时间,费时愈短,则速率必高,反是则必低,而同一人亦有长短之别,其原因也同A项所述,然则眼停时间和识别距有什么关系呢?据实验的结果,眼停时间短的,识别距阔,反之则识别距窄,前者速率高,后者速率低,故我们读书时,不但应促进识别距阔广,同时也应使眼停时间减短。

（C）回复眼动（Regressive eye-movement）

回复眼动即已经看了的,因尚未理解其意义,重复再看一遍。回复眼动的次数愈多,眼停的次数也愈多,费时也长,效率也小了,此种动作和读书能力的优劣,适成反比例。我们要提高读书的速率,便首先要减少回复眼动的次数,然后方就达到目的。

（D）扫视（Sweep of eye）

从前行的末一字,到次行的首一字,这种眼动,叫做扫视,虽然和阅读没有多大关系,但动作错乱过多,也很妨碍阅读的速率。如读了第二行便读第四行,或读完了第二行,再读第一行等是。这样浪费时间，就影响速率不小了。

叙述完了眼动的经过，则我们对增进速率的结论是"养成有规律的眼动"。至如何养成有规律的眼动？则只有努力练习。而练习的进步率，是非常迅速的。据杜佐周测量八位中华留美学生，时间为一个月，每人每日练习十分钟，所得的结果如下表：

被 试 者	E	F	G	H
第 一 日	6.02	4.73	1.67	3.82
第 二 日	9.18	13.02	3.82	5.38
先后的差数	3.16	8.29	2.15	1.56
进步百分比	52	175	129	41

（注）杜氏研究报告，原分横直行两组，兹以现出版书籍，横行仍少见，故此表只有四位。

上表所列阅读能力最低者为 G，他第一天每秒钟不过读 1.67 字，但经一个月练习后，则每秒钟读 3.82 字，比原来进步 129%。上表能力最高者的 E，他第一天每秒钟读 6.02 字；经一个月的练习后，每秒钟读 9.18 字，比原来进步 52%。进步最大者 F，比第一天进步 175%，进步最小者为 H，比第一天进步 41%。可见经过练习是很容易进步的，不过在练习的时候，应明了速率的价值和求进步的决心，而时间又须继续不断，幸勿一曝十寒。

（二）效率

读书的速率固然重要，然徒增速率而收不到效率，则已读与

不读等,徒浪费时间罢了,故同时应注重效率。所谓效率,可分下列三种:

(A)理解(Comperehension)

我们每读一书,应了解该书的要点,然后才不至浪费时间,或者有人以为既要求速率的增加,自难求得理解的提高,但据海欧(Huey)、奥白兰姆(O'Brien)等的实验,则速率高的理解力亦高,其原因一是阅读书籍的深浅关系,意义深奥的于理解力自然较低,若意义显浅自易于理解,这和识别距的情形,适成正比例。其二是静读时,专心致志,不为发音所牵制只由视觉器官直达到中枢神经,不必再由视觉器官转听觉器官以达中枢神经。神经的运用既专一,则理解自然提高。至于如何能达到提高理解能力呢?这除了继续用提高速率的方法外,同时每读书一时,先须预拟问题,或预悬目标,在读完此书时必须能找着预拟问题的答案和决心,或约同伴互相考查,互相竞赛,则成绩自易于表现。

(B)组织(Organization)

"组织"这两个字,很容易误会到字句的结构。不过,这里所谈的组织是着重内容的认识,并且注重读完一书后,是否能组织成一为系统的知识,或读完一书后,是否能将新收的材料和已读过的书联属在一起,而组成一有系统的知识,因为我们读书是猎取前人的经验,以减少自己的错觉,以达到生活的充实。故组织的工夫是不可忽视的。至于组织和理解的相关度如何呢?现在虽没有正确的研究报告,但从理解能力的提高,则亦很容易达到目的,因为理解的程度不高,组织自然谈不到了。要达到这个目的,除了应用提高速率和理解的方法之外,还应加上做大纲,做表解,做结论等。

（C）记忆（Retention）

理解和组织两项，固然是读书的要素，然记忆又不可不增进。许多人以为强记是没有多大的价值，殊不知"走马看花"般阅读，事后复抛诸九天之外，不是浪费时间吗？虽然，书本可以随时翻阅，而时间的不经济莫此为甚！所以记忆力的增进，是不可忽视的。又有人以为记忆力是天才的，这固然不能否认，但努力练习的结果，也是能够达到的。要达到记忆力的提高，只要具备有记忆的决心，好像我们是去准备应试的决心和把已知的事和新知的事联属在一起，这种心理活动很普通的，例如我们的朋友中，某甲是高人，当我们看见了另一个高人的时候，就会想起某甲的用这种方法，是足以提高记忆力的。其次多复习，做大纲，做总结，或时时加以追忆（Recall），都能增强记忆的。

总之，我们读书的时候，存着一种目的和决心，则速率和效率自然会提高了。

读书生活的三多法

欧元怀

西儒培根说过:"读书造成完人。"考其意思,盖以为读书可以打破人类的愚昧,纠正人类的错误,增进人类的智识,充实人类的生活。地无中外,时无古今,谁都承认读书是人类生活中必不可缺少的一项重要工作。

但今爱好读书的人,常有一种难题在心中横亘着,便是如何读法的问题。我以为除了眼到、口到、手到、心到和疑辨、笔记、思索之外,其最普通而基本的条件,还是要多阅读,多比较,多应用。

所谓多阅读,当然不是说有书必读,而是需要读有用的书。书籍杂志,卷帙浩繁,单就本国而言,已有读不胜读之慨;而况世界各国的书报更是浩如烟海呢。自然只有选读你所爱读你所能读的书了。我以为真欲求学的人,无论研究社会科学或自然科学的,均应先读几本关于普通常识的书籍。有了相当的普通常识,进而检讨本国文化的起源及世界学术的演进,而后开始专门研究工作,始得学有根基,而不至"反客为主",常闹笑话。

不过人类的知识,固然大部分得自书本:"尽信书则不如无书。"书本是不死读的。我们应把爱读的某一问题的书籍归纳起来,作一个比较有系统的研究。如研究自然科学的,自然一面阅读书籍,一面实地试验不行;就是研究社会科学的,也须多多观察各地风俗和生活习惯,以充实我们需要的题材。试看"世事洞明皆学问,人情练达即文章"那几句古话,以及中外通儒学者都喜欢周游列国,浏览山川,这就是寓求学于考察中的意义。至于今日蒙藏一带的考古,西藏和西南民族的研究,东南生物和水产的采集,山西各地矿物的科学分析,更无一不赖有相互比较的研究。因为见闻一广,经验丰富,两相比较,真伪自明,不觉有左右逢源豁然贯通之慨。

至于多应用,更是求学的有效方法,现在有许多人书籍是读得很多的;然而一旦遇到实际问题,还是胸无成竹,不知怎样去应付当前环境的。这并不是说他的书是白读,也并不是说读过许多书后,对于他的知识能力毫无所补。盖读书不是专为书本做奴隶,乃要把书本上的道理拿到实际生活上去应用,如果我们读书有心得,便应将其学理活用在日常生活间。我遇了困难再拿书本来研究。如此则生活与知识合一,为用而学,学以致用,自然不致成为书呆子了。

固然,在起初要把书本知识活用于社会生活上,免不了许多不自然的痛苦;但这种行动养成习惯后,熟能生巧,不但不会感觉痛苦,且能环境变化而增长经验,实具有一种特殊乐趣。这种乐趣,却只有能够善用学识的人,始能于生活上体会得出。所以越是不能活用学理的人,越不明了书中道理;反之,其能活用学理的人,既可增长于读书的心得,更可给他事业成功的一种帮助。

  青年们,书是必读的,不多读书本,是不能给你一个人生上的指示;而读书不知多方比较,亲切应用,也绝不感觉到书中真理来。

我的读书经验

傅东华

我的读书经验里面有两件事情似乎说起来还有点趣味。

我没有读过小学,从家塾出来就到本乡一个基督教会办的中学读书,后来转学到府立中学,是插班进去的。插的是三年级,读了三年(那时还是五年制)照理可以毕业了,谁知快到毕业考的时候,堂长忽然通知我,说我不能考毕业,因为章程规定,学期未读满是不能毕业的。我问他再得读几个学期才算读满,他说得补足插班进来以前的两年。我又问他,那末这两年里面读点什么呢?他说从四年级上学期重新读起。列位想想看,这叫我怎么能够忍受!当时我只得向那位堂长说声"再见",登时把书箱铺盖挑了回家。

那时候最有名的学校是在上海的南洋公学(现在的交通大学),谁要能考得进去就仿佛登天堂一般。我明知内地学校的程度是差得很远的,但想与其在原校里再炒一回冷饭,总不如到那里去撞一下木钟。于是即刻写信去讨章程,一看不好,连插三年级所需的书本也是名字都没有听见过的。(只记得里面有 Myre's *General History* 和 Wentworth's *Elementary Algebra* 在内,还有一本英文的博物学厚到五百多页，现在连名字都忘记了。）但我那时的野心一发不可复遏，只得跑到从前那个教会学校的主教（美国人）那里去找他帮忙。刚巧他有事到上海，替我把要买的书一齐买了来。那是五月间的事，离开入学考试只有三个半月。好在英文原本书初次拿到手里，兴味特别好，我就连日连夜的像灯蛾扑火一般向里面乱撞起来。后来的结果是，皇天不负苦人心，我居然做到了南洋公学的学生了。从这事以后，我一径都相信从书本里去找书本里所该获得的成果，总不至像打彩票那么渺茫的。

第二件事是在进了南洋公学以后。我们的英文教员是杨锦森先生。（美国留学生，早已得肺病死了，我始终都对他怀着深切的感激。）他教我们读英文的方法大约是跟谁都不同的。他要我们乱看书，不要翻字典。他说读英文和读中文并没有两样。我们所认识和能运用的中文字至少总在数千以上，试问里面有几个字是翻过字典才认识的？我们所解得的字大半是从上下文的意思猜度出来的。等到猜对的回数多了，那字的解说就会慢慢的正确起来。这比翻字典而得的解说反而活得多，因而有用得多。而且一面看书一面翻字典，读书的兴味也要常常被打断。所以字典只是讲作文时和其他必要时用的。若读英文，你的基础字汇当然不如读中文那样多，那末你先找浅的书来读。比如你拿起一本书来，不翻字典也可以看懂十分之七八，那本书你就可读了，不然你就得再找一本更浅的。同是一本书一生之中也许不止读一遍。今年读的书觉得意思朦胧，明年再读就清楚多了。总之要读得多，读得快，起初时尽管不求甚解，慢慢的自然一层透彻一层的会得解。他这个读书原则我完全遵照着办，到了一年之后觉得成效非常之好,后来我竟成了学校图书馆里最讨厌的一个人,因为我每次借书总是一大叠,三两天又去换了一大叠来,使得图书馆员当我跟他开玩笑。当然,真正要说读的话,一大叠书是三两天读不完的,但至少目录是看过,有趣的部分也都翻过了一下,那一叠书的轮廓是印在我脑子里了。到后来这样的轮廓渐积渐多,我就会得从里面去寻出各书的关联,造出自己的一个体系,哪一本书该读,哪一本书不该读;哪一本书该先读,哪一本该后读,都用不着等指导家们来指导我。这可譬到山头顶去概察一下地形,这才爬下山来走小径,就不至于迷路了。

我自己觉得受益于这种读书法的地方实在不少,后来我的学生里面有一人因这读书法作基础而获得更高的成就——就是现在我国科学界占有荣誉地位的严济慈君。

我从自己经验的这两件事得到一个结论:读书是完全为己的,绝不是为人的;与其说读书是一桩工作,毋宁说是一种享受妥当得多。明白了这一点,别的一切就都成了废话了。

近来仿佛有人相信读书可以耽误革命,那是和相信读书可以镇静革命同样的愚蠢!

我的读书经验

曹聚仁

中年人有一种好处,会有人来请教什么什么之类的经验之谈。一个老庶务善于揩油,一个老裁缝善于偷布,一个老官僚善于刮刷,一个老政客善于弄鬼作怪,这些都是新手所钦佩所不得不请教的。好多年以前,上海某中学请了许多学者专家讲什么读书方法读书经验,后来还出一本专集。我约略翻过一下,只记得还是"多读多看多做"那些"好"方法,也就懒得翻下去。现在轮到我来谈什么读书的经验,悔当年不到某中学去听讲,又不把那专集仔细看一看;提起笔来,觉得实在没有话可说。

记得四岁时,先父就叫我读书。从《大学》《中庸》读起,一直读到《纲鉴易知录》《近思录》,《诗经》统背过九次,四书背过五次,《礼记》《左传》念过两遍,只有《尔雅》只念过一遍。要说读经可以救国的话,我该是救国志士的老前辈了。那时候读经的人并不算少,仍无补于满清的危亡,终于做胜朝的遗民。先父大概也是维新党,光绪三十二年就办起小学来了;虽说小学里有读经的科目,我读完了《近思录》,就读商务印书馆出版的《高等小学国文教科书》;我仿读史的成例,用红笔把那部教科书从头圈到底,以示倾倒爱慕的热忱,还挨了先父一顿重手心。我的表弟在一只大柜上读商务出版"直到现在还是最新的儿童读物"的《看图识字》,那上面有彩色图画;趁先父不在的时候,我就抢过来看。不读经而爱圈教科书,不圈教科书而抢看图识字,依痛哭流涕的古主任古直、江博士江亢虎的"读经""存文"义法看来,大清国是这样给我们亡了的。

先父时常叫我读《近思录》。《近思录》对于他有很多不利之处。他平常读四书,只是用朱注;《近思录》上有周敦颐、张载、邵雍、程明道、程伊川种种不同的说法,他不能解释为什么同时贤人的话,有那样的大不同;最疑难的,明道和伊川兄弟俩也那样大不同,不知偏向哪一面为是。我现在回想起来,有些地方他是说得非常含糊的。有一件事,他觉得很惊讶:我从《朱文公全集》找到一段朱子说岳飞跋扈不驯的记载,他不知道怎样说才好,既不便说朱子说错,又不便失敬岳武穆,只能含糊了事。有一年,他从杭州买了《王阳明全集》回来,那更多事了,有些地方,王阳明把朱熹驳得体无完肤,把朱熹的集注统翻过身来,谁是谁非,实在无法下判断。翻看的书愈多,疑问之处愈多,一个十一二岁的小孩已经不大信任朱老夫子了。

我的姑夫陈洪范,他是以善于幻想善于口辩为人们所爱好,亦以此为人们所嘲笑,说他是"白痴"。他告诉我们:"尧舜未必有其人,都是孔子、孟子造出来的。"他说得头头是道,我们很爱听;第二天,我特地去问他,他却又改口否认了。我的另一位同学,姓朱的,他说他的祖先朱××,于太平天国乱事初起时,在广西做知县;"洪大全"的案子是朱××所捏造的。他还告诉我许多胥吏捏造人证物证的故事。姑夫虽否认孔孟捏造尧舜的话,

103

我却有点相信。

我带着一肚子疑问到杭州省立第一师范去读书，从单不庵师研究一点考证学。我才明白不独朱熹说错，王阳明也说错；不独明道和伊川之间有不同，朱熹的晚年本，与中年本亦有不同；不独宋人的说法纷歧百出，汉、魏、晋、唐各代亦纷纭万状；一部经书，可以打不清的官司。本来想归依朴学，定于一尊，而吴、皖之学又有不同，段、王之学亦有出入；即是一个极小的问题，也不能依违两可；非以批判的态度，便无从接受前人的意见的。姑夫所幻设的孔孟捏造尧舜的论议，从康有为《孔子改制考》《新学伪经考》找到有力的证据，而岳武穆跋扈不驯的史实，在马端临《文献通考》得了确证。这才恍然大悟，"前人恃胸臆以为断，其袭取者多谬，而不谬者反在其所弃"（戴东原语）。信古总要上当的。单师不庵读书之博，见闻之广，记忆力之强，足够使我们佩服；他所指示正统派的考证方法和精神，也帮助我解决了不少疑难。我对于他的信仰，差不多支持了十年之久。

然而幻灭期毕竟到来了。五四运动所带来的社会思潮，使我们厌倦于琐碎的考证。胡适的《中国哲学史大纲》带来实证主义的方法，人生问题、社会问题的讨论，带来广大的研究对象，文学哲学社会……的名著翻译，带来新鲜的学术空气，人人炽燃着知识欲，人人向往于西洋文明。在整理国故方面，梁启超的《中国历史研究法》，顾颉刚的古史讨论，把从前康有为手中带浪漫气氛的今文学，变成切切实实的新考证学。我们那位姓陈的姑夫，他的幻想不独有康有为证明于前，顾颉刚又定谳于后了。这样，我对于素所尊敬的单不庵师也颇有点怀疑起来，甚而对于戴东原的信仰也大大动摇，渐渐和章实斋相近了。我和单不庵师第二次相处于西湖省立图书馆（民国十六年），这一相处，使我对于他完全失了信仰。他是那样的渊博，却又那样的没有一点自己的见解；读的书很多，从来理不成一个系统。他是和鹤见祐辅所举的亚克敦卿一样，"蚂蚁一般勤劬的硕学，有了那样的教养，度着那么具有余裕的生活，却没有留下一卷传世的书；虽从他的讲义录里，也不能寻出一个创见来。他的生涯中，是缺少着人类最上的力的那创造力的。他就像戈壁的沙漠的吸流水一样，吸收了智识，却亦一泓清泉，也不能喷到地面上来"。省立图书馆中还有一位同事——嘉兴陆仲襄先生也是这样的。这可以说是上一代那些读古书的人的共同悲哀。

我有点佩服德国大哲人康德（Kant），他能那样的看了一种书，接受了一个人的见解，又立刻能把那人那书的思想排逐了出去。永远不把别人的思想砖头在自己的周围砌起墙头来。那样博学，又能那样构成自己的哲学体系，真是难能可贵的！

我读书三十年，实在没有什么经验可说。若非说不可，那只能这样：

第一，时时怀疑古人和古书；

第二，有胆量背叛自己的文师；

第三，组织自我的思想系统。

若要我对青年们说一句经验之谈，也只能这样：

"爱惜精神，莫读古书！"

读书并非为黄金

——我的不读书的经验

孙福熙

中国人太把"读书"看得严重,"书中自有黄金屋,书中自有千钟粟"的说法,先认读书为苦不可耐,于是用黄金利禄来引诱,就是"吃得苦中苦,方为人上人"的意思。

本刊征求我读书的经验,我不敢以读书人自居(虽然读书人的"书生气"的坏处依然是很多),我所能说的不是读书的经验,而是不读书的经验。

我三周岁以后就读书,读书这样早,完全因为我幼年时太活泼,毁坏了许多东西的缘故。一直到十二岁,全是旧式灌注的教育,除了识字的成绩以外,到现在是毫无益处。因为读书没有趣味的缘故,此后入学校,直至师范学校毕业为止,凡有书本的功课我都不大喜欢。所喜欢的是手工图画以及书本以外兼有实物的理化博物。再后则半工半读或者整日工作而夜间自己读书而已。

尤其是在法国的时候,因为经济的能力是不能读书的,所以,一方面分出时间去工作,一方面又节省读书应有的一切工具与方法,欲读书而不可得了。没有人教我法文,为了节省起见,不懂一句法文,就进美术学校学画去了。自己看看法文书,弄出许多的错误。为了这个缘故,我的一点智识,都与事实有关。例如法文中的"兰花"一字,是同学在公园中告我的,所以至今联想到这同学与公园,"延长"一字联想下雨与房东老太婆,因为并不是从读书得来,所以我没有什么字是可以联想书本的。

这该是很大的耻辱。

不但如此:许多人是先读了书,后来证之事实,惊叹古人深思明辨,于是豁然贯通的说一声:"此诚所谓'学于古训乃有获,监于成宪永无愆'也。"

而我则不然,我的肚皮里没书,没有把有系统的书本智识作为辨别事理的根据,每遇到事物上有疑问,只得乱翻书本来求解答而已。

我以为,中国人把读书看得太苦亦太尊贵了,于是与世界事物脱离了关系。读书与散步、踢球、看电影、游山玩水,并不冲突,而且是互有补益(大学生天天进跳舞场未必有益,但偶然去一次,未必带回满身的恶毒,这全在自己的处置如何耳)。

我觉得,一个法国人的走进图书馆去,简直同走进戏院电影场去是一样的性质。星期或假日,不必工作的时候,法国人就要利用这一天时间,做有益身心之事。我不是说法国人愚笨,肯以读书苦事视为看戏看电影一样的快乐;我要说的是读书得法的时候,与戏剧电影之启发智识、涵养德性、陶冶情感的出之消遣性质者,完全是一样的。

中国的电影太受美国影响的缘故,游嬉的性质太多,学术的意味太少了。

反之,中国的读书,或者可以说,学术的意味太多,而引动趣味太少,内容则平板陈腐,文字则枯燥生硬,虽有黄金利禄的引诱,天下尽有未用读书作"敲门砖"而骗到了黄金与利禄者。

著书者与读书者的态度都可以改变一下。

我的读书经验谈

张素民

一　读书与思想

我生平的第一嗜好,是读书;第二嗜好是发表自己的思想和批评别人的思想。然第二嗜好是跟着第一嗜好来的。因为你若久不读书,你自己的思想,也无从发生。据我的经验,我自己的思想,大都是由读书的启发和暗示而来。我每日读书,每日都觉着得点新观念或新思想。只可惜因为教书和人事的关系,没有时间写出来,否则我的读书札记,必可成帙。我敢说:凡是无思想的人,必是不爱读书的人。因无论你怎样聪明,你的奇思异想,或已为别人道过,或经别人证明不对;你多读书,就不会白费这种气力,就会感觉到你自己的奇思异想,并无奇异之可言。但因此,你的知识愈充,你的思想愈富,你虽放弃你原有的奇思异想,然可得着其他的启发,生出别的思想来。所以读书是思想的一个主要来源,"开卷有益"的益处,即在这里。

读书固可以启发思想,然读书愈多,所得较广,遇着问题发生，就必详加考虑，再发议论。所以读书愈多，知识愈富的人，不愿轻有主张，不愿乱发议论。凡那读书无多，知识不充的人，自以为聪明，遇事即随便发言。这个分别，是我初与外国学者接触时才发现的。我以前"年少气盛"，读书无多，遇事即爱有所主张。及见外国学者异常谨慎，不轻有主张，颇为诧异，以为他们"滑头"。到后来，继续在研究院读书七年多，自己才觉知识不足，遇事不敢轻有主张了。这也就是我们古人所谓"学然后知不足"的道理。

轻有主张，是发表不成熟的思想。唯读书才可培养成熟的思想。所以世界大学者，发表一种新学说的著作，是经过若干年的研究而来的。例如创立"制度经济学"（institutional economics）的康门斯（J. R. Commons）费了三十年的研究工夫，才出版他的《资本主义之法律的基础》（*Legal Foundations of Capitalism*）一书，再过十年，才出版他的《制度经济学》一书。今日中国的青年，偶有心得，恐怕等不到明天或下月，就要发表他的著作了。

一人一时的思想，当受他当时所读的书籍的影响，这差不多是一个原则。例如初读马克斯的著作的人，无不暗地吸收他的思想；什么"阶级斗争"，什么"唯物史观"等名词，就会不断的出诸那位读者之口。但是这位读者若再把批评马克斯的书籍读几部，就会生出反马克斯的论调。再如你费几天工夫，专读《宋元学案》《明儒学案》等书，你在那几天之后的言论，必多少带点理学气味。所以读书愈多的人，他所受的影响愈杂，他便不易为一家之说所摇动。倘他富有创造力，"博而能约"，他就可自创新说。然他无论是一个怎样的创造家，他的思想来源，离不了他所读的书籍。比方马克斯的学说，是受着黑格尔的哲学，十八世纪的法国唯物主义,斯密亚当和李嘉图等的经济学的影响,是毫无可疑的。

思想固可由读书而来,然有缺乏理解力的人,读书一生,仍无思想,或为"书呆子"。因此,有人反对读书。然不知这种人读书固"呆",不读书也"呆"。一个无知识的呆子,不如一个"书呆子"。我愿社会上多几个书呆子,少几个自作聪明的人。

二 读书与兴趣

凡爱读书的人,都享着读书的乐味;凡不爱读书的人,认读书是一件苦事。何以同是读书,一以为乐,一以为苦呢?因为一个对读书有兴趣,一个对读书无兴趣。我们无论对于何事,兴趣最关重要。爱赌的人对赌有兴趣,认之为乐事;不爱赌的人,则反此。所以要爱读书,必先创造对于读书的兴趣。

造成读书兴趣的第一要着,是求了解。你读一页书根本不懂,自然无兴趣。要求了解,须从两方面下手,一从文字方面下手,一从内容方面下手。我可先谈文字方面的了解。你要读中文书籍,必先把中文弄通。你要读古文,更须先治小学,略懂《说文》。你要读英文书籍,必先把英文弄通。因为文字弄不懂,自然谈不到内容,学者的苦功夫,就在学文字的时候。然到了文字将通未通的时候,就感觉兴趣了。以我个人的经验讲,从五岁到十二岁是读死书的时代。读完了四书五经,先生从未加以解释,自己老实不懂。十二岁到十三岁,跟着我父亲在外面住一年。他每天和我讲解《左传》《资治通鉴》,并教我作文,我才上路。十三岁以后,入了中学,渐爱读书。最初爱读的,是《新民丛报》《饮冰室文集》《红楼梦》《水浒》等。这些书虽没有什么稀奇,然使我的中文弄清顺,其功不小。以后毕业大学,在未出洋之前,曾与几个懂国学的人来往,习小学,读古书,玩碑帖,差不多预备做一个"国学家"。后来出洋,才改变了志向。我的英文知识,虽始于中学时代,然至毕业大学之时,并未十分通。后来一入美国大学,并未再学英文课程,就习政治经济各科,与美国学生一样读教科书和参考书。不过第一年中一面读书,一面留意文字。一二年以后,读起英文书来,才不感觉其为外国文字。所以据我个人的经验,中西文字之弄通顺,都是自己读书之功。师友只可以指导赞助,努力全仗自己。

  文字弄通,即克服了读书的第一难关。普通书报和小说等,都可读起来。然一涉专门书籍,就遇着第二难关,即是不懂其内容。要克服这个难关,就要依次而进,即先读关于一门科学的教科书,把术语和初浅原理弄懂,再读关于那门科学的一切专书。比方普通经济学教科书没有弄懂,就去读马克斯的《资本论》或康门斯的《资本主义之法律的基础》等书,那自然不会懂的。大学本科的功课,即在使学生了解各门科学的初浅内容。欲求深造,全在自己以后加读专书。

  还有一种大思想家的书,用了许多"新造"的名词,你即于那书所谈的科目,向有研究,初看起来,还感困难。拿经济学来讲,康门斯的《资本主义之法律的基础》一书,即美国的经济学教授初读一遍,也不能十分了解,若读这类书籍,就要细心多读几遍,方才能弄清作者所用的名词和主张。威卜伦(Veblen)的书也是一样。例如他用的 taxonomic, animistic 等形容词,就不是普通经济学书上所有的。你必多读几遍,才可懂得。

你懂了文字,又懂了内容,你读书,自易感着兴趣。然做到这点,还只做到创造兴趣之一半功夫。例如许多国内大学生和留学生,一离开学校,就不再读书,这并非是他们不懂文字和内容,乃是他们没有读书的习惯。这类人在校的时候,即不爱读书,只求考试勉强及格,领到文凭而已。所以造成读书兴趣与第二要着,是养成读书的习惯。例如对于文字和学科的内容均无困难,每日去读一二小时关于那门学科的书报;久而久之、养成习惯;一日不读那类书报,仿佛和吸惯了香烟的人,吃了饭未吸香烟的一样难过。比方留心时事,每日看报的人,一日不看报,就觉着不舒服了。

读书能了解,又成了习惯,则兴趣自然增加。而且这种兴趣之养成,是"累积的"(Cumulative)。即是因有兴趣而读书,因读书而更有兴趣。换句话说,即读书愈多,兴趣更多。

但是读书有兴趣,不必是对于任何书籍有兴趣。治文学的人,读经济学的书籍,固无兴趣;即治经济学的人,对于某经济学家的某书,不一定具兴趣。例如我个人对于经济学的教科书,即无兴趣;我最感兴趣的,是经济名著。我尝对一位爱写教科书的美国教授说:"你为什么爱写教科书?"他笑着答道:"只有教科书才可获利,专门著作,是无利可获的。"我也带笑回答道:"这足以证明你们美国的读者的程度太低。"我又最怕死叙事实如年鉴一样的书。我从前研究运输学的时候,读着 Johnson, Huebner, Wilson 合著的《运输原理》一书,就要打瞌睡。我明知这书不是 Johnson 写的,我曾对他说:"这书只和词典年鉴一样,可供参考,而不可读。"他说:"这是 Huebner 缺乏分析力和判断力的缘故。"我读书,是可不睡,不吃饭的人,敢自信是一个爱读书的人,然而不是对于一切的书,都有兴趣。因此,造成读书兴趣的第三要着,在择你性之所喜的一类书读。

我爱读名著的重要原因,是在名著的"烟斯批里纯"(inspiration)。名著是大思想家的杰作,最富于思想。用字造句,也非普通书可比。普通书只可增加 information,而不能启发理智。外国的大教授与普通教授的分别,也就在此。大教授说话,是无精神,无条理的。但他杂乱无章的讲,句句有意义,句句足令人深思。普通教授是有精神,有条理的,而他所能供给你的,只是 information 而已,但这也不过是我个人之所好。有些人欢喜 informative 一类书,我个人是就欢喜 inspiring 一类的书。

三 读书与方法

凡读书具有兴趣的人,也应留意读书的方法。常有甲乙二人同样爱读书,甲的心得多,乙的心得少。这多半由于乙的方法不如甲。这里所谓方法,第一是指书本的选择,即是"目录之学"。关于这点,初学的人,必请教于专家。专家的意见不一定一致,你自己就可斟酌采取。读古书,更宜考究校本或注疏。例如治经学,单靠朱注四书杜注《左传》等,是不够的,最好是从《十三经注疏》下手。治小学,许氏《说文》是必读之书。读外国书,也是一样。例如读斯密亚当的《原富》,以 Cannan edition 为最好;读弥勒约翰的《政治经济原理》,以 Ashley edition 为最好。

就一门科目讲,你应知关于这门科目的重要书目,应知某几部书足以代表某一派的学说,或某人的某几部书足以代表某人的某种学说,例如欲知古典派的经济学,至少必读斯密氏的《原富》、李嘉图的《政治经济及租税原理》,和弥勒氏的《政治经济原理》三部书。欲知康门斯的《制度经济学》,必读其《资本主义之法律的基础》和《制度经济学》二种。但他同时是劳工问题的专家;你欲知他对于劳工问题的讨论,必读其 *Principles of Labor Legislation* 和其他的著作。这类的例很多,经师友的指导,就事半功倍。

凡治一门科学,专读教科书是无用的。我以为初学者在熟读一二部教科书之后,就可读专门著作。所谓专门著作,是指非作教科书用的关于一门科学或其中一问题之著作。不过这种分别,不能全以书的名称而定,须以书的内容为标准。例如经济学教科书,常称为"经济学原理",然而马雪耳(Alfred Marshall)的《经济学原理》就是专著了,为什么呢?因为他的书有特殊贡献,是集古典派与奥国派的大成之创作。关于这一层,也须经人指导。

我所谓专读教科书之无用,还须说明一下。例如研究货币与银行,凡教科书上所讲,都是初浅原理,大同小异。读了十部,不见得比读了一两部的人,多了若干知识。欲求深造,必读关于讨论货币或银行各种问题的书籍和杂志论文。这种专著,你读一部,得一部的益处,绝不会吃亏。现在的西文教科书,每章之后,列有参考书目,这些书目中,有一部分是教科书,有一部分是专著。

读书的方法,不仅是书本的选择。天下的书太多,即选择应读的书,已经过多。故我所谓方法,第二是指读法。有的书,是句句要读的。如初学所用的教科书和必读之名著是。有的书,是可选读一二章的,如普通参考书是。如初治经济学的人,必无能力和时间把马雪耳的《经济学原理》，整个读下去，可选读几章。俟习高级经济学时，再去整个读之。又普通经济学教科书很多，用不着都读到，前已言之。但有时一本教科书对于某一问题的讨论，特别的好，你只读那章做参考。这种指导，可见之于任何教科书的注解和章末书目上面。你自己也可在一部书上的详细目录上看出来。例如你读了一两部经济学教科书，再取一第三部教科书，翻阅其详细目录，你若发现一个不大熟悉的题目，就可找到讨论那题目的一章或一节，读一遍。

读参考书的又一标准，是在你一时所研究的题目。例如你现在正研究通货膨胀一问题，你可在一切货币银行书籍上的目录和 Index 上，去找那讨论通货膨胀的一章或一节或一段去读。书是为人用的。你选读的部分，是以你的研究目的为标准。再比方你无意治生物学，但是你要知道达尔文的进化论的大意，你就只读他的 Origin of Species 的前四章就够了。你无意研究马克斯主义，你要知道一点马克斯的唯物史观，你就只读他的 A Critique of Political Economy 的一篇序就够了。这类选读的知识，你可请教师友，也可从留意书中的引证得来。

以上所述的方法，也可说是读书的秘诀。读死书的人，大都不知选择；结果，事倍功半。

四　读书与职业

我国的社会，有一个大毛病，即是已离学校从事职业的人，仿佛"读书非己任"了。这样一来，大学生留学生大都是借学校为进身之阶，学校等于科举。不知从事职业，更要研究关于那种职业的书籍,以改进自己的服务;并要读关于职业以外性之所好的书籍,以当作消遣,扩充见闻,营养学力。例如美国大理院的推事,无日不读书。他们的学问之博,真令人可惊。即是美国的国会议员,例属政客,是不爱读书的。然而他们分配在各种委员会的,日在图书馆工作。我国各界的人继续不断的读书的,真是太少。即我们任大学教授的人,努力问学的,也不多见。所以举国遭"知识恐慌""学术恐慌"的现象。

关系本身职业的书籍我国人还不爱读,更谈不到关于职业以外的书籍。所以我国人的消遣,不外赌博之一途。结果,滥费光阴,消磨志气,使事业失败而后已。

以前,我们认读书是"士"的专业;现在,我们认读书是学生的专业。毕了业,即非学生,即不读书了。这两种观念,是同样错误。我们不要专门阶级的"士",我们要"士农""士工""士商";我们不要只认在校的为学生,我们要认人人终身为学生。西文 Student 一字,并不是专指在校的学生,乃是指一切学的人或研究的人。所以我诚恳的希望全国同胞,人人以学生自居,大家努力读书!

个人读书的经验

程瑞霖

我生在一个很闭塞的乡下地方,读书生活是六岁开始的。我从六岁起,受私塾教育,直到十六岁才进中学。我在经、史、子的中间整整的混了十年。就这对联诗赋,也练习过不少的日子。我的先生便是我们父亲,是一个乡下地方颇有声名的秀才。父亲教儿子,是要"一锄头便掘一个坑"的,我幼年时所受的教育的严格也就可想而知。

我在十三岁时,考进了本县所立的中学,刚刚住到两个月,父亲来城检查我的功课,认为太松懈了,立刻逼着我把铺盖卷起,一同回去。又过了三年,才让我去住府立的一个中学。刚到这个中学里面,教员和监学,校长,都夸赞我的文章,我很有点骄矜自喜,但是数学根底不行,英文完全没有学过,这两个重担子一齐加到头上来,真是辛酸辣苦四味俱全。幸亏那时很有要强的心,常常在天未大亮的时候,起来燃洋油灯读英文习数学。吃了这一种苦,算学英文才勉强跟得上。住了一年半,参加一个极无聊的风潮,被学校开除了,便转到省里的一个中学来。在这个事变当中,受了父亲的严斥婉训,我下决心好好地读书了。在转学后的一年中,成绩确是不坏,英文和数学竟一步一步地抢到所有同班的同学的前面了。我的中文,在未进中学前,虽然可以写,但还觉很有点费力,有时且不中父亲的意,等到进了省里的中学以后,眼界渐广,忽然间"心如灵犀一点通",可以放笔为文,头头是道。直到这个时候,父亲才不再从信里寄题目来,限我多少天内作好文章寄回去。

可是从这个时候起,我渐渐不佩服线装书了;我反对线装书了。每到假期回去,常常和父亲辩难五经四书的价值,古圣古贤的价值,父亲说不过,便带着笑意的说一声:"狡辩。我不同你说。"我反对线装书,尤反对诗词歌赋,我把我以前的旧稿都烧掉了,立志不再弄这种"无逻辑""无补国计民生"的劳什子。我真想不到时代进展到现在,还有些留学生之类的先生们,平仄声远未弄清楚,律绝工架还不大明了,居然抄些前人诗句,夹些自制的半通不通的句子,以抒其怀古的幽情,伤今的绮感,以求附托风雅,倾倒众生!话虽如此,但是我自己深深感觉惭愧,因为我虽然丢掉线装书,丢掉诗词歌赋,我还是毫无成就。

到了中学四年级的时候,忽然"不安于校",当了什么学生会的代表,常常出去开会,对功课渐渐模糊了,到了考试的时候,便在晚间偷着点蜡烛,拿出"强记"的本领,来应付第二天的考试。校监某先生平素很器重我,知道我因为当代表而疏忽了功课,曾有两次劝我还是安心读书,不要用强记的聪明来应付考试,我却暗暗的嗤之以鼻。

进到大学以后,在头二年确实用了一点功,后来便又松懈了。到了要毕业的一年(民国十四至十五年),就加入了国民党,同时又参加学生会的活动。在这时,我的思想变得很厉害,根本看不起大学毕业文凭。出校以后,绝不过问发文凭的消息,我的文凭还是一个朋友代领,在毕业的第二年秋天寄给我的。

在社会上胡乱混了两年,觉着学识不够,得着一个机会,便跑到英国去念书。这时真想读书,可是中了贪多的毒。我研究经济学,我打算把经济学的各部门都吞下去。自以为很读了几本书,可是一回到中国,遇着爱重"专家"的先生们,问我专的是什么,我简直瞠目无以对。

以上是我读书的简单经历,从这种经历上面,我认为:

(一)读书不能照古法——焚膏继晷的方法,虽然是最严格的、确实的,却很容易使学者灵机闭塞。我虽然不能说我幼年所受的严格教育为无用,但我终以为是危险的。我相信:一个蠢才在那种教育方法之下,只有被弄得更蠢。

(二)读书不能躐等——我进中学时,在算学英文上面吃了很多的亏,便是由于躐等。

(三)读书不能务外——读书不忘救国,救国不忘读书,这都是似是而非之词。青年人最容易接受这种理论。青年人应该认清楚自己做人的时代程序。读书的时代在前,救国的时代在后。先尽了读书的责任,才能尽救国的责任。救国是如何巨大繁复、幽深曲折的事业,岂是读书未成的学生所能尝试的。在求学时而欲务外,无疑的是误了国又误了自己。

(四)读书不能尚强记——强记等于急水过田一样,来的快,去的也快,绝对不能发生深厚的影响,所以凡是强记以应考试的,一到考试完了,其所学的也完了。而且这一种办法,使得脑筋一时运用过度,失了弛张的正轨,是极有害于脑力的。

(五)读书不可贪多——古人曾说过"务广而荒",这就是说贪多的毛病。研究的范围大而都能融会贯通，这自然是再好不过的。可是平常的人（不是有特殊天才和体力的人）体力和聪明都有限，还是缩小研究的范围好一些。

访笺杂记

郑振铎

我搜求明代雕版画已十余年，初仅留意小说戏曲的插图，后更推及于画谱及他书之有插图者。所得未及百种。前年冬，因偶然的机缘，一时获得宋元及明初刊印的出相佛道经二百余种。于是宋元以来的版画史，粗可踪迹。间亦以余力，旁骛清代木刻画籍。然不甚重视之。像《万寿盛典图》《避暑山庄图》《泛槎图》《百美新咏》一类的书，虽亦精工，然颇嫌其匠气过重。至于流行的笺纸，则初未加以注意。为的是十年来久和毛笔绝缘。虽未尝不欣赏《十竹斋笺谱》《萝轩变古笺谱》，却视之无殊于诸画谱。

约在六年前，偶于上海有正书局得诗笺数十幅，颇为之心动；想不到今日的刻工，尚能有那样精丽细腻的成绩。仿佛记得那时所得的笺画，刻的是罗两峰的小幅山水，和若干从《十竹斋画谱》描摹下来的折枝花卉和蔬果。这些笺纸，终于舍不得用，都分赠给友人们当作案头清供了。

二十年九月，我到北平教书，琉璃厂的书店断不了我的足迹。有一天，偶过清秘阁，选购得笺纸若干种，颇高兴。觉得比在上海所得的,刻工色彩都高明得多了。仍只是作为礼物送人。

引起我对于诗笺发生更大的兴趣的是鲁迅先生,我们对于木刻画有同嗜。但鲁迅先生所搜集的范围却比我广泛得多了;他尝斥资重印《士敏土》之图数百部——后来这部书竟鼓动了中国现代木刻画的创作的风气。他很早的便在搜访笺纸,而尤注意于北平所刻的。今年春天,我们在上海见到了,他以为北平的笺纸是值得搜访而成为专书的。再过几时这工作恐怕更不易进行。我答应一到北平,立刻便开始工作。预定只印五十部分赠友人们。

我回北平后,便设法进行刷印笺谱的工作。第一着还是先到清秘阁。在这里又购得好些笺样。和他们谈起刷印笺谱之事时,掌柜的却斩钉截铁的回绝了,说是五十部绝对不能开印。他们有种种理由:板片太多,拼合不易,刷印时调色过难;印数少,板刚拼好,调色尚未顺手,便已竣工,损失未免过甚。他们自己每次开印总是五千一万的。

"那么印一百部呢?"我道。

他们答道:"且等印的时候再商量罢。"

这场交涉虽是没有什么结果,但看他们口气很松动,我想印一百部也许不成问题。正要再向别的南纸店进行,而热河的战事开始了,一搁置便是一年。

九月初,战事告一段落,我又回到上海,与鲁迅先生相见时,带着说不出凄惋的感情,我们又提到印这笺谱的事。

"便印一百部,总不会没人要的。"鲁迅先生道。

"回去便进行。"我道。

工作便又开始进行,第一步自然是搜访笺样,清秘阁不必再去。由清秘阁向西走,路北第一家是淳菁阁。在那里很惊奇的发见了许多清隽绝伦的诗笺,特别是陈师曾氏所作的,虽仅寥寥数笔,而笔触却是那样的潇洒不俗,转以十竹斋、萝轩诸笺为烦琐,为做作。像这样的一片园地,前人尚未之涉及呢。我舍不得放弃了一幅。吴待秋、金拱北诸氏所作和姚茫父氏的《唐画壁砖笺》《西域古迹笺》等,也都使我喜欢。

过了五六天,又进城到琉璃厂,由淳菁阁再往西走,第一家是松华斋;松华斋对门在路南的是松古斋。由松华斋再往西,在路北的是懿文斋。再西便是厂西门,没有别的南纸店了。

先进松华斋,在他们的笺样簿里,又见到陈师曾所作的八幅花果笺。说他们"清秀"是不够的,"神采之笔"的话也有些空洞。只是赞赏,无心批判。陈半丁、齐白石二氏所作,其笔触和色调,和师曾有些同流,惟较为繁缛燠爩。他们的大胆的涂抹,颇足以代表中国现代文人画的倾向;自吴昌硕以下,无不是这样的粗枝大叶的不屑屑于形似的。我很满意的得到不少的收获。

带着未消逝的快慰,过街而到松石斋。古旧的门面,老店的规模,却不料售的倒是洋式笺。所谓洋式笺,便是把中国纸染了矾水,可以用钢笔写;而笺上所绘的大都是迎亲、抬轿、舞灯、拉车一类的本地风光;笔法粗劣,且惯喜以浓红大绿涂抹的。其少数还保存着旧式的图版画。然以柔和的线条,温藉的色调,刷印在又涩又糙的矾水拖过的人造纸面上,却格外的显得不调和。那一片一块的浮出的彩光,大损中国画的秀丽的情绪。

懿文斋没有什么新式样的画笺,所有的都是光宣时所流行的李伯霖、刘锡玲、戴伯和、李毓如诸人之作;只是谐俗的应市的通用笺而已。故所画不离吉祥、喜庆之景物,以至通俗的着色花鸟一类的东西。但我仍选购了不少。

第三次到琉璃厂已是九月底,这一次是由清秘阁向东走。偏东路北是荣宝斋,一家不失先正典型的最大的笺肆,仿古和新笺,他们都刻了不少。我在那里见到林琴南的山水笺,齐白石的花果笺,吴待秋的梅花笺,以及齐、王诸人合作的壬申笺、癸酉笺等等,刻工较清秘阁为精。仿成亲王的拱花笺,尤为诸肆所见这一类笺的白眉。

半个下午,便完全耗在荣宝斋,和他们谈到印笺谱的事,他们也有难色,觉得连印一百部都不易动工;但仍是那么游移其词的回答道:"等到要印的时候再商量罢。"

从荣宝斋东行,过厂甸的十字路口,便是海王村;过海王村东行,路北有静文斋,也是很大的一家笺肆。当我一天走进静文斋的时候,已在午后,太阳光淡淡的射在罩了蓝布套的桌上,我带着怡悦的心情在翻笺样簿。很高兴的发见了齐白石的人物笺四幅,说是仿八大山人的,神情色调都臻上乘。吴待秋、汤定之等二十家合作的梅花笺,也富于繁颐的趣味。清道人、姚茫父、王梦白诸人的罗汉笺、古佛笺等,都还不坏,古色斑斓的彝器笺,也静雅足备一格。

静文斋的附近,路南有荣禄堂,规模似很大,却已衰颓不堪,久已不印笺。亦有笺样簿,却零星散乱,尘土封之,似久已无人顾问及之。循样以求,十不得一,即得之亦都阇败变色,盖搁置架上已不知若干年,纸都用舶来之薄而透明的一种,色彩偏重于深红深绿,似意在迎合光宣时代市人们的口味。肆主人须发皆白,年已七十余,惟精神尚矍铄,与谈往事,娓娓可听。但搜求将一小时,所得仅缦卿作的数笺。由荣禄更东行,近厂东门,路北有宝晋斋。此肆诗笺,都为光宣时代的旧型,佳者殊鲜,仅选得朱良材作的数笺。

出厂东门折而南,过一尺大街,即入杨梅竹斜街。东行百数步,路北有成兴斋。此肆有冷香女士作的月令笺,又有清末为慈禧代笔的女画家缪素筠作的花鸟笺;在光宣时代似为一当令的笺店。然笺样都缺,月令笺仅存其七。再东行有彝宝斋,笺样多陈列窗间,并样簿而无之。选得王诏作的花鸟笺十余幅,颇可观,而亦零落不全。

以上数次的所得,都陆续的寄给鲁迅先生,由他负最后选择的责任。寄去的大约有五百数十种,由他选定的是三百三十余幅,就是现在印出来的样式。

这部《北平笺谱》所以有现在的样式,全都是鲁迅先生的力量——由他倡始,也由他结束了这事。

说起访笺的经过来,也不是没有失望与徒劳。我不单在厂甸一带访求。在别的地方也尝随时随地的留意过,却都不曾给我以满足。好几个大市场里,都没有什么好的笺样被发现。有一次,曾从东单牌楼走到东四牌楼,经隆福寺街东口而更往北走,推门而入的南纸店不下十家,大多数都只售洋纸笔墨和八行素笺。最高明的也只卖少数的拱花笺,却是那么的粗陋浮躁,竟不足以当一顾。

在厂甸也不是不曾遇见同样狼狈的事。厂甸中段的十字街头,路南有两家规模不小的南纸店,一名崇文堂,在路东,有笺样簿,多转贩自诸大肆者。一名中和丰,在路西,专售运动器具及纸墨,并诗笺而无之。由崇文东行数十步,路南有豹文斋,专售故宫博物院出品,亦尝翻刻黄瘿瓢人物笺,然执以较清秘、荣宝所刻,则神情全非矣。

但北平地域甚广,搜访所未及者一定还有不少。即在琉璃厂,像伦池斋,因无笺样簿遂失之交臂。他们所刻"思古人笺",版已还之沈氏,故不可得;而其王雪涛花卉笺四幅,刻印俱精,色调亦柔和可爱。惜全书已成,不及加入。又北平诸文士利用之笺纸,每多设计奇诡,绘刻精丽的。惟访求较为不易。补所未备,当俟异日。

选笺既定,第二步便交涉刷印,淳菁、松华、松石三家,一说便无问题。荣宝、宝晋、静文诸家,初亦坚执百部不能动工之说,然终亦答应下来。独清秘最为顽强,交涉了好多次,他们不是说百部太少不能印,便是说人工不够没有工夫印;再说下去便给你个不理睬;任你说得舌疲唇焦,他们只是给你个不理睬,颇想抽出他们的一部分不印,终于割舍不下溥心畬、江采诸家的二十余幅作品。再三奉托了刘淑度女士和他们商量,方才肯答应印。而色调较繁的十余幅蔬果笺,却仍因无人担任刷印而被剔出。蔬果笺刻印不精,去之亦未足惜。荣禄堂的笺纸,原只想印缦卿作的四幅,他们说年代已久,不知板片还在否,找得出来便可开印,只怕残缺不全。但后来究竟算是找全了。

最后到彝宝斋,一位仿佛湖南口音的掌柜的,一开口便说:"不能印,现在已经没有印刷这种信笺的工人了,我们自己要几千几万份的印,尚且不能,何况一百张。"我见他说得可笑,便取出些他家的定印单给他看,他无辞可对,只得说老实话:"成兴斋和我们是联号,你老到他们那里看看罢,这些花鸟笺的板片他们那里也有。"我立刻明白那是怎么一回事,到成兴斋一打听,果然那板片已归他们所有。

为了访问画家和刻工的姓氏,也费了很大的工夫。有少数的画家,其姓氏是我所不知道的——我对于近代的画坛是那样的生疏。访之笺肆亦多不知者;求之润单间亦无之。打听了好久,有的还是见到了他的画幅,看到他的图章方才知道。只有缦卿的一位,他的姓氏到现在还是一个谜。

刻工实为制笺的重要分子,其重要也许不下于画家。因彩色诗笺,不仅要精刻,而且要就色彩的不同而分刻为若干板片;笺画之有无精神,全靠分板之能否得当。画家可以恣意的使用着颜料,刻工必须仔细的把那么复杂的颜色,分析为四五个乃至一二十个单色板片。所以刻工之好坏,是主宰着制笺的命运的。在《北平笺谱》里,实在不能不把画家和刻工并列着。但为访问刻工姓名,也颇遭白眼,他们都觉得这是可怪的事,至多只是敷衍的回答着。有的是经了再三的追问,四处的访求,方才能够确知的。有的因为年代已久,实在无法知道。目录里所注的刻工姓名,实在是不止三易稿而后定的。宋版书多附刊刻工姓名,明代中叶以后,刻图之工尤自珍其所作,往往自署其名,若何钤、王士珩、魏少峰、刘素明、黄应瑞、刘应祖、洪国良、项南洲、黄子立其尤著者。然其后则刻工渐被视为贱技,亦鲜有自标姓名者。当此木板雕刻业像晨星似的摇摇欲坠之时,而复有此一番表彰,殆亦雕板史末页上重要的文献。

淳菁阁的刻工,姓张但不知其名;他们说此人已死,人皆称之为张老西,住厂西门,其技能为一时之最。我根据了张老西的这个诨名,到处的打听着,后来还是托荣宝斋查考到,知道他的真名是启和。松华斋的刻工,据说是专门为他们刻笺的,也姓张;经了好多次的追问,才知道其名为东山。静文斋的刻工,初仅知其名为板儿杨,再三恳托着去查问,才知道其名为华庭。清秘阁的刻工,也经了数次的访问后,方知其亦为张东山。因此,我颇疑刻工和制笺业的关系,也许不完全是处在雇工的地位;他们也许是自立门户,有求始应,像画家那个样子的。然未细访,不能详。

荣宝斋的刻工名李振怀,懿文斋的刻工名李仲武,松古斋的刻工名杨朝正,成兴斋的刻工名杨文、萧桂,也颇费恳托,方能访知。至于荣禄、宝晋二家,则因刻者年代已久,他们已实在记不清了。姑阙之。刻工中,以张、李、杨三名为多,颇疑其有系属的关系,像明末之安徽黄氏、鲍氏。这种以一个家庭为中心的手工业是至今也还存在的。

刷印之工,亦为制笺的重要的一个步骤,因不仅拆板不易,即拼板、调色亦煞费工夫。惜印工太多,不能一一记其姓名。

对此数册之笺谱,不禁也略略有些悲喜和沧桑之感。自慰幸不辜负搜访的勤劳,故记之如右。

二十二年十一月十五日

售 书 记

郑振铎

> 嗟食何如售故书,疗饥分得蠹虫余。
> 丹黄一付绛云火,题跋空传士礼居。
> 展向晴窗胸次了,抛残午枕梦回初。
> 莫言自有屠龙技,剩作天涯稗贩徒。

以上是一个旧友的售书诗,这个旧友和我常在古书店里见到。从前,大家都买书,不免带点争夺的情形,彼此有些猜忌,劫中,我卖书,他也卖书,见了面,大家未免常常叹气,谈着从来不会上口的柴米油盐的问题。他先卖石印书,自印的书,然后卖明清刊本的书。后来,便不常在古书店见到他了。大约书已卖得差不多,不是改行做别的事,便是守在家里不出门。关于他,有种种的传说。我心里很难过,实在不愿意在这里再提起,这是一位在这个大时代里最可惜、惨酷的牺牲者。但写下他抄给我的这首诗时,我不能不黯然!

说到售书,我的心境顿时要阴晦起来。谁想得到,从前高高兴兴,一部部,一本本,收集起来,每一部书,每一本书,都有它的被得到的经过和历史;这一本书是从那一家书店里得到的,那一部书是如何的见到了,一时踌躇未取,失去了,不料无意中又获得之;那一部书又是如何的先得到一二本,后来,好容易方才从某书店的残书堆里找到几本,恰好配全,配全的时候,心里是如何的喜悦;也有永远配不全的,但就是那残帙也很可珍重,古宫的断垣残刻,不是也足以令人留连忘返么?那一本书虽是薄帙,却是孤本单行,极不易得;那一部书虽是同光间刊本,却很不多见;那一本书虽已收入某丛书中,这本却是单刻本,与丛书本异同甚多;那一部书见于禁书目录,虽为陋书,亦自可贵。至于明刊精本,黑口古装者,万历竹纸,传世绝罕者,与明清史料关系极钜者,稿本手迹,从无印本者,等等,则更是见之心暖,读之色舞。虽绝不巧取豪夺,却自有其争斗与购取之阅历。差不多每一本,每一部书于得之之时都有不同的心境,不同的作用。为什么舍彼取此,为什么前弃今取,在自己个人的经验上,也各自有其理由。譬如,二十年前,在中国书店见到一部明刊蓝印本《清明集》和一部道光刊本《小四梦》,价各百金,我那时候倾囊只有此数,那末,还是购《小四梦》吧。因为我弄中国戏曲史,《小四梦》是必收之书。然而在版本上,或在藏书家的眼光看来,那《清明集》,一部极罕见的古法律书,却是如何的珍奇啊!从前,我不大收清代的文集,但后来觉得有用,便又开始大量收购了。从前,对于词集有偏嗜,有见必收,后来,兴趣淡了些,便于无意中失收了不少好词集。凡此种种,皆寄托着个人的感情。如鱼饮水,冷暖自知。谁想得到,凡此种种,费尽心力以得之者,竟会出以易米么?谁更会想得到,从前一本本,一部部书零星收得,好容易集成一类,堆作数架者,竟会一捆捆,一箱箱的拿出去卖的么？我从来不肯好好的把自己的藏书编目，但在出卖的时候，卖书的要先看目录，便不能不咬紧牙关，硬了头皮去编。编目的时候，觉得部部书本本书都是可爱的，都是舍不得去的，都是对我有用的，然而又不能不割售。摩挲着，仔细的翻看着，有时又摘抄了要用的几节几段，终于舍不得，不愿意把它上目录。但经过了一会儿，究竟非卖钱不可，便又狠了狠心，把它写上。在劫中，像这样的"编目"，不止三两次了。特别在最近的两年中，光景更见困难了，差不多天天都在打"书"的主意，天天在忙于编目。假如天还不亮的话，我的出售书目又要从事编写了。总是先去其易得者，例如《四部丛刊》，百衲本《廿四史》之类。《四部丛刊》，连二三编，我在前年，只卖了伪币四万元，百衲本《廿四史》，只卖了伪币一万元。谁想得到，在今年今日，要想再得到一部，便非花了整年的薪水还不够么？只好从此不作收藏这一类大部书的念头了。最伤心的是，一部石印本《学海类编》，我不时要翻查，好几次书友们见到了，总要怂恿我出卖，我实在舍不得。但最后，却也不得不卖了。卖得的钱，还不够半个月花，然而如今再求得一部，却也已非易了。其后，卖了一大批明本书，再后来，又卖了八百多种清代文集，最后，又卖了好几百种清代总集文集及其他杂书。大凡可卖的，几乎都已卖尽了！所万万舍不得割弃的是若干目录书，词典书，小说书和版画书。最后一批，拟目要去的便是一批版画书。天幸胜利来得恰如其时，方才保全了这一批万万舍不得去的东西。否则，再拖长了一年半载，恐怕连什么也都要售光了。但我虽然舍不得与书相别，而每当困难的时光，总要打它的主意，实在觉得有点对不起它！如果把积"书"当作了囤货——有些暴发户实在有如此的想头,而且也实在如此的做,听说,有一个人,所囤积的《四部丛刊》便有廿余部——那末,售去倒也没有什么伤心。不幸,我的书都是"有所谓"而收集起来的,这样的一大批一大批的"去",怎么能不痛心呢?售去的不仅是"书",同时也是我的"感情",我的"研究工作",我的"心的温暖"!当时所以硬了心肠要割舍它,实在是因为"别无长物"可去。不去它,便非饿死不可。在饿死与去书之间选择一种,当然只好去书。我也有我的打算,每售去一批书,总以为可以维持个半年或一年。但物价的飞涨,每每把我的计划全部推翻了。所以只好不断的在编目,在出售;不断的在伤心,有了眼泪,只好往肚里倒流下去。忍着,耐着,叹着气,不想写,然而又不能不一部部的编写下去。那时候,实在恨自己,为什么从前不藏点别的,随便什么都可以,偏要藏什么劳什子的书呢?曾想告诉世人说,凡是穷人,凡是生活不安定的人,没有恒产、资产的人,要想储蓄什么,随便什么都可以,只千万不要藏书。书是积藏来用,来读的,不是来卖的。卖书时的惨楚的心情实在受得够了!到了今天,我心上的创伤还没有愈好!凡是要用一部书,自己已经售了去的,想到书店里去再买一部,一问价,只好叹口气,现在的书已经不是我辈所能购致的了。这又是用手去剥创疤的一个刺激。索性狠了心,不进书店,也决心不再去买什么书了。书兴阑珊,于今为最。但书生结习,扫荡不易,也许不久还会发什么收书的雅兴罢。

但究竟不能不感谢"书",它竟使我能够度过这几年难度的关头。假如没有"书",我简直只有饿死的一条路走!

知 识 链 接

【文学常识】

部分作家介绍

　　胡适(1891—1962),字适之,安徽人。著名思想家、文学家、哲学家。倡导白话文,领导新文化运动,一生主要学术活动集中在文学、哲学、史学、考据学、教育学等方面。主要著作有《中国哲学史大纲(上)》《尝试集》《白话文学史(上)》《胡适文存》等。

　　蔡元培(1868—1940),字鹤卿,浙江人。著名革命家、教育家、政治家。开北大"学术"与"自由"之风,主持制定了中国近代高等教育的第一个法令《大学令》。主要作品有《蔡元培自述》《中国伦理学史》等。

　　章衣萍(1902—1947),安徽人。中国现代著名作家、教育家、翻译家。毕业于北京大学,曾任上海大东书局总编辑,并与鲁迅合办《语丝》月刊。主要作品有《古庙集》《樱花集》《衣萍文存》等。

丰子恺(1898—1975),原名丰润,浙江人。中国现代著名画家、散文家、美术教育家、音乐教育家、翻译家、书法家。毕业于浙江第一师范学校,先后任上海大学、复旦大学、浙江大学等校教授。主要作品有《子恺漫画》《西洋美术史》《缘缘堂随笔》《缘缘堂再笔》《画中有诗》《白鹅》等。

傅东华(1893—1971),笔名伍实等,浙江人。先后任复旦大学、暨南大学教授,中国文字改革委员会研究员,《辞海》编委会委员等。著有《李白与杜甫》《李清照》《字源》《现代汉语的演变》《山胡桃集》等。

【要点提示】

胡适认为,读书的方法需要一精二博。所谓精,即需要眼到(认识每一个字)、口到(一句一句念出来)、心到(懂得每章每句每字的意思)、手到(标点分段、查参考书、做札记等)。所谓博,即是什么书都要读。需要为读书而读书,成为一个学问博大而精深的学者,既拥有专门学问,又能够旁搜博览。

蔡元培谦虚地认为,他的读书是不得法的。第一是不能专心,第二是不能勤笔。他给青年人以忠告,读书一定要照顾自己的兴趣爱好,只有这样,才能专心;另外,读书一定不能太功利主义,要勤摘抄、检索,这样才可时时览读,时时更新。

章衣萍认为,读书应该多读,应该熟读。不仅要重视趣味阅读,也要重视系统阅读。要养成善于怀疑、独立思考的精神。

丰子恺认为,只有诗歌、小说等,可以闲坐在草上花下阅读,读外国语或知识学科的书籍,需用笨功。学习外国语,需学透"单语""文法""会话";把握系统,是读知识科学类书籍的第一要点。

傅东华认为,读书最重要的是要造出一个体系,哪本书该读,哪本书不该读,哪本书先读,哪本书后读,都需要自己有所规划;读书完全是为己的,与其说读书是一桩工作,毋宁说是一种享受。

【学习思考】

一、读了本书之后,你认为应该怎样读书?"精"与"博"之间的关系怎样处理?

二、我们为什么要读书?读书的目的是什么?

(刘健 编写)